アメではない！　人生をナメるのだ！

青木ヨースケ・著

まえがき

正直いって、いまだに、僕がやってきたことが「起業」なのかどうか、よくわからない。「業を起こす」っていうほど大げさなもんじゃないだろう、という気持ちが、どこかにあるのだ。

なんとなく、「これを売ったら面白そうだな」とか「ここに店を開いてみたら楽しいだろうな」とか、そんなことを繰り返しているうちに20年以上がたってしまった。

とりたてて立派な信念や、経営方針があったわけではない。「必ず、この業界を勝ち抜いてやる」という、強い決意に促されたわけでもない。

ビジネスを始めたキッカケだって、さしてドラマチックではない。「なんとなく」というのがイメージに近い。あとで詳しく書くことになるが、海外旅行先のベトナムで偶然に仕入れたジッポーライターを日本に帰って売ったら思わぬ収入になり、安く仕入れたものを高く売る快感に目覚めたのがもとだった。

そのうちに、「ゴミ捨て場」にあった「ゴミ」を拾ってフリーマーケットで売ったり、香港で仕入れた日本で売っていない色のスニーカーを売ってみたら、雑誌に載って、店に行列ができたこともある。

で、気が付いたら、古着や雑貨などを売るショップを、原宿をはじめ、全国に20店舗以上展開していた、というわけだ。

「自分は起業家である」なんて自覚なんて初めからないまま、ずっときてしまった。

また、だからこそ、これから起業を目指そうとする人たちには、自信をもってこうアドバイスできる気もする。

「起業なんて、そんなに大層なもんじゃないよ。肩の力を抜いて、損してもいいから、やりたいことやってみよう、くらいでいい。オレがやれば何でもできる、くらいに夕力をくくって、ナメてるくらいの方がいい。失敗しても、命までは取られることはな

いはずだから」

僕だって、すべて順風満帆だったわけじゃない。せっかく34店舗まで広げながら、その会社を乗っ取られて、スッカラカンになったことだってある。

でも、どうってことはなかった。会社なんてなくなったって、また作ればいいだけ。自分を信じて、手を差し伸べてくれる友人や仲間さえいれば、何度だって再起できる。

ずっとサラリーマンで、人に使われているだけじゃつまんないでしょ？　自分でビジネスを始めるって、そりゃリスクもあるけど。そのリスク自体が人生のスパイスみたいなもので、生きているのがますます楽しくなる。

僕は、この本で、「リスクを取ることの楽しさ」を少しでも伝えられたら、と思っている。

NO RISK, NO LIFEなのだ！

『アメではない！　人生をナメるのだ！』＊目次

Q　起業した当座の運転資金が心細かったら、やはり助成金などに頼るべきでしょうか?

Q　起業時に人を雇うとしたら、どういう点に注意したらいいでしょう?

Q　起業の際の人脈作りのために異業種交換会などは積極的に活用すべきでしょうか?

Q　起業セミナーなどに参加するのは、プラスになりますか?

Q　起業して事務所を借りたりする際には、どういうところに注意すればいいですか?

Q　共同経営での起業についてどうお思いですか?

Q　脱サラ起業したとして、もとの会社や社員の人たちとはどういう付き合いをしたらいいでしょうか?

Q　ビジネスをはじめるとなると、まず顧客の獲得がカギになると思うのですが、効果的な方法はありましたか?

Q　女性が起業するとしたら、どんな業種で、どのように立ち上げたらいいと思われますか?

Q　起業するにあたって、知っておかなくてはいけない基礎知識などはありますか?

Q　現代の起業では、やはりネットやホームページは有効に生かさなくてはいけないと思うのですが、どのように活用するのが効果的だとお考えですか?

Q　将来の起業を視野に入れて就職する場合、どんな会社に入ればいいでしょうか?

Q　定年後起業についてはどうお考えですか?

第一章　ベトナムで買ったばかりのカメラを盗られたところから始まった

父親譲りの趣味が「ゴミ拾い」

両親は、「起業」とは縁もゆかりもない。職業は「絵描き&先生」。どちらも東京の目黒区出身で、中学も一緒。大学も東京芸大で一緒。二人とも自分達で人形作る人形劇のサークルに入っていたらしい。

人形劇は、今でも地元で続けている。


どちらも実家はそこそこ裕福だったらしく、金銭的に苦労はしていない。だから、ほとんどおカネに対する執着もない。

母方の祖父は元郵政省の役人で、長らく国会議員もつとめていたし、親戚も大手銀行や商社に勤めていた人が多かった。

その中で、芸大に進んだウチの両親は、だいぶ異色だったかもしれない。

横浜市の新興住宅街にあった家も、普通の建て売り住宅とはまったく趣が違って、一部屋ごとがとても広い上に、屋根がガラスになっていた。仰向けに寝ると星が見えるヘンで素敵なところだった。離れに父親のアトリエがある、木造で安普請の別荘のような変わった家だった。おそらく父親の趣味だったのだろう。

ヘンな趣味ついでにいえば、この父親が好きだったのが「ゴミ拾い」。ゴミ置き場にある粗大ゴミを拾ってきては、よく母親に「恥ずかしい」と文句をいわれていた。古いテレビを拾ってはバラして、基盤をオブジェにして部屋に飾ってみたり、使い古されたギターを拾って直して使ってみたり。

血なのか教育？　なのかはわからないが、物心ついたときからわくわくしてゴミ拾いをしていたので、父親の気持ちはよくわかる。

今の日本は、物が溢れすぎていて、たとえ使える物でもどんどん捨ててしまう。もし自分が、「使うよ」と声をかけなかったら、たくさんの、ちょっと直せば役に立つものが消えて無くなっていってしまう。もったいなくて仕方ないのだ。

それに、中には思わぬ宝物が隠れているかもしれない。だから「ゴミ拾い」は「宝探し」でもある。

小学校のころは、粗大ごみを見つければ、嬉々として駆け寄る「ゴミ拾い」が大好きな少年になってしまった。もちろん大人になった今でもゴミ拾い大好きおじさんなのだが（笑）。

ゴミだけではない。何でも拾うのが大好きだった。これも小学校時代だが、家を早く出て、通学路をわざわざ遠回りして、自販機の下に落ちている10円玉や１００円玉を拾うのが得意だった。手さぐりで拾うなんてやる気のないやり方ではない。自販機の前で腹這いになって、棒を使って奥のほうまで探っていた。朝のちょっとした時間だけで２００円、３００円はすぐに集まった。

特に、エロ本の自販機の下は狙い目だった。恐らく、エロ本買うような時は、みんな慌ててるし、１００円玉くらいのおカネが落ちても拾わずに、急いでその場を離れるのだろう。一般の自販機とくらべると高確率で小銭を集めることができた。

自慢じゃないが、今まで、街を歩いていて、一万円札を拾った経験が人生で3回もある。

1度目は、小学生のころ、郵便局の前で。2度目は高校のころ、学校の近くで。3度目は大学時代で、友達の家から帰る時に。

たぶん、いつも、何かいいものが落ちてないかと下を見ているからではないだろうか。

まわりには、一万円札を拾ったことが3回もある人はなかなかいないと思う。「ものを拾うこと」についてはいい年齢になった今でも自信がある。

つまらなかった高校生活

小、中学校は、仲間とも楽しく遊んで、無邪気にやっていた。

雰囲気が変ったのは高校時代だ。父親が、校長の講演を聞いて、「ここはよさそう」

と推薦するので、入ってみたのがハイクラスの子弟が多いので知られるミッション系の私立のお坊ちゃん学校。

まったく肌に合わなかった。ミッション系だから、まずキリスト教の聖者についての本を読まされて、感想文を書かされる。僕は読みながら、呆れてしまった。その本には「神の教えに忠実な」善人ばかり出てきて、悪人がちっとも出て来ない。それで、

「悪があるから善もある。善人ばかりの世の中なんか、ありえない。キレイ事いっても、キリスト教なんて、争いと殺し合いの歴史だ」

と書いたら、さっそく呼び出されて、校長に諭された。校長はイタリア人で、いかにも良い人だというのは伝わってきたので、嫌いではなかった。が「ロックは悪魔の音楽です」と言ってみたり、自分の価値観から外れたものを受け入れる度量がすこし足りない気がしていた。

先生たち以上に、まわりの生徒たちも、先生に媚び売ってるようなのが多くて、どうもイヤだった。勉強するんでも、あまりこれ見よがしに「やってますよ」というのは見せないほうがカッコいい。そういう価値観の中で今まではやってきた。でもその学校では、「先生、ボクは勉強をちゃんとやっていますから」って感じの連中が中心にいて、どうも僕の「美学」と違うんだよなあと思っていた。

将来は神父志望のガチガチのカトリックも少なくなかったし、先生にいわれたことを従順にやるのが正義だ、と大部分が信じている。そこへ「キリスト教は争いの歴史」なんて考えているのが入れば、うまくいくわけがない。「そういう人間がいてもいい」と許容するのは1割くらいのもので、その他は自分の持っている正義に合わない人間を許容するだけの「愛」がない。

グレたりはしなかったものの、彼らと馴染む気もなかった。こんな連中のようには絶対になるまい、と思ったのは地元の小中学校に通っていたころにはなかった感覚だ。

当時はよくわからなかったけれど。改めて振り返ると、あの体験があったからこそ、自分は成長できたのかもしれないな、とも思ったりする。

「世の中を斜めに見る訓練ができた」のはどうもしっくりとこない高校時代があったからだったと思うことにしている。

いかにも善人の顔をして、自分の正義を押しつけてくる人間がどれほど平気で周囲に迷惑を与えるか、また、世間に流布されている「正義」が、どれだけ胡散臭いものかを、たっぷりと知らされた。

「正義」は絶対的なものではない。それは相手や時代やタイミングによっていかようにも変わるものだと思う。

たとえ意見が合わない相手でも、せめてその存在を受け入れよう。そう考えて今に至る。

大学時代は旅行とバイト

父親も、自分がサラリーマンだったわけでもないし、息子に「まじめに就職しろ」などと強制するようなタイプでもない。
「キミの人生なんだし、自分で考えて、思ったようにやりなさい」と言われていた。というか何も言われなかった。

ただ、大学には入って一人暮らしを始めたものの、将来、どうなりたいとかの青写真はまったくなかった。

良くも悪くも楽観的なので、資格を取ったり、将来に備えて努力をするなどという発想もまったくなかった。

サラリーマンは向かないだろうから、いずれ海外青年協力隊に入って、外国で農業指導やるのなんかいいな、とは漠然と考えていた。今になっても、タイミングさえ合えば、古い農家を改造して、そこで農業をやってもいいかな、と思うこともある。

でも、入ったのは農学部ではなくて文学部。普通にいけばマスコミかな、くらいは考えていた。

勉強は、あまりしなかった。サークルも、ちょっとだけ合気道の同好会に出入りしたものの、すぐに行かなくなってしまった。

もっぱらやったのはバイトと旅行だ。アンケート調査、弁当の配達やカプセルホテルの従業員や、さまざまなバイトをやってカネを貯めて、旅に出ていた。

1990年、船で世界と交流しよう！　という「ピースボート」という市民団体にスタッフとして加わってみた。

彼らが初めて世界一周の船旅を企画したときで、学生、登校拒否児童、OL、マスコミ、サラリーマン、団体職員、先生など、様々な立場の人が思い思いに関わっているプロジェクトだった。変わった人がたくさんいて、自由度が大きくとても楽しかった。

　準備から、船旅を終えるのに一年強。船旅が終わったときには「夢が終わった」と思ったくらいに思い出深い時間だった。よく「同じ釜の飯を食う仲」というが船旅の3か月だけでなく、準備の期間もずっと一緒に活動していた仲間は、20年以上経った今でも友達以上。身内の感覚が抜けきらない。


10年ぶりに会ったとしても、普通の友達以上に感じることのできる人間関係というのは素敵だと思っている。


　自転車で沖縄を回り、パイナップル畑で何週間かボランティアで働いたこともある。北海道には独り旅をする人がけっこういたらしいが、沖縄を自転車で回る人間は少なかった。カップルばかりの南国を、独り自転車で周るのは珍しかったと思う。

　地元の人の家に招かれて食事をごちそうになり、泊めてもらったりもした。

　一日100キロを目安に、自転車でふらふらと旅をするのはなかなか素敵な体験だった。

いわゆるバックパッカーというものやってみた。

2か月かけて、バンコクからインドのカルカッタに入り、インド国内を列車で移動する。インドにちょっと疲れたところでネパール移動。2週間ほどゆっくりしたり、泊りがけで川下りをしたり。またインドに戻ってからしばらく滞在して、バンコクに戻る、というような日程の旅行だ。当時はメールや携帯などないので、一度日本を出たら、まず連絡は取らない。国際電話をかけるのも、都市の中でないとできなかったし、学生にとってはばかにならない料金もかかった。世界中どこに居ても、携帯がつながる今とちがい、ずいぶんと遠くに来たものだと思ったものだ。


社会に出れば、もうゆっくりと船旅など出来なくなると思い、大学を出る年に、今度はスタッフではなく乗船者（乗客）として「ピースボート」に乗ってみた。シンガポール→コンポンソム（プノンペン）→ホーチミン→バンダルスリブガワン→ジャカルタ→シンガポールとアジア4カ国を周る旅だ。

まさにその旅行の途中、ベトナムで、僕が起業するきっかけとなる事件が起きたのだ。

人生を変えたジッポーライター

あちこちホーチミン市街を観光で回って、その日はすっかり疲れてしまった。それで街の中心部にあった公園のベンチに座って、そのままついついウトウト昼寝をしてしまったのだ。

買ったばかりのカメラ2台（一眼レフとコンパクトカメラ）サングラスなど金目のものが入ったバッグは、盗まれちゃいけない、としっかりと足下に置いて両足で挟んでいた。が、その程度では、プロにかかっては「赤子の手をひねる」ようなものだったようだ。

はっと目を覚ましたら、バッグは開けられて、カメラをはじめとした中身がすっぽりと抜かれていた。恐らくドロボーはベンチの下に潜り込んで、奪っていったんだろう。

周りの人たちが気づかないはずがない。周りの人に盗難があったことを説明して、協力を仰いでも何も教えてくれない。盗っていった様を見ていたはずなのに、何も言えないようだった。後で事情のわかる人に聞いてみると、誰が盗ったのかなどの情報提供をすれば、窃盗団からの嫌がらせなどがあるという。分かっていても、見ていても、注意できない理由があったのだ。

豊かな国から来た旅行者から多少の金品を頂くのはしょうがないことだと思っているのかも知れない。

幸い、パスポートと現金３００米ドルだけは身に付けていたために無事だった。それに、あとは船で日本に戻るだけだったので、当面、カネをつかう必要性もない。とはいえ、新品のカメラはじめ、貴重品を奪われたのはくやしい。なんとか取り戻す術はないだろうか？

ちょうど船に同乗していたある雑誌の編集者が、こんな情報をくれた。

「ベトナム戦争の時に米兵が使っていた昔のジッポーライターは日本でもマニアが居るみたい。詳しいことはわからないけど、東京では2万円とかで売っているみたいだね。」

ホーチミンの街中を歩いてみると、そこらじゅうで売っているようだ。作りも単純で、素人でも騙される可能性は低そうだ。値段も交渉できそうだ。

商売などやったことはない。でも東京で2万円のものが、今ここで現地価格で買えるのなら、商売になりそうだ。せっかくならカメラ代くらいは取りかえしたい。そんな思いで、街を歩いてみたら、いたるところでジッポーライターは売られている。値段はだいたい6~7米ドルだから、当時のレートで1個千円くらい。３００ドルあったカネを全部つぎ込んで、50個ほど買って日本に戻ってきた。

ぜんぶつぎ込んで勝負をするのは、昔から好きだった。ちまちまやるのは好きでないのだ。

３００ドルしかないとはいえ、一点勝負すること自体がわくわくと楽しかった。

帰国してさっそく、海外の雑貨を扱っている店や、アメリカの軍服だのナイフだのを売っているような店を回ってみた。買ってくれそうではある。が、ついた値段が１個３千円くらい。店頭で売っている値段も調べて、知っていたので、３千円で売ってしまうのはもったいないと考え、売るのを止めた。

３千円でも損はしないのだが、ホーチミンまで行ってきた手間のことを考えると、おもしろくなかったのだ。

フリーマーケット

絶対にもっと高く売れる方法があるはずだと思っていた。ちょうどそのころフリーマーケットが流行っていて、友人もちょくちょく出店していたので、試しに一緒に参加させてもらうことにした。初めての会場は、多くの人が集まる代々木公園のフリーマーケット。１個１万円の値を付けて並べてみた。

ビックリした。雨で途中で中止になったんだけど、せっかく会場に行ったので、ライターだけを10個ほど並べてみると、こだわりのありそうなお客さんが集まってきた。ほんの30分くらいの間に7万円ほどの売り上げになった。

フリーマーケットというのは、本来は中古の不用品などを持ち寄り、なるべくモノを捨てないようにしようという運動だったはずなのだ。が会場を見渡してみると、あちこちでプロっぽい人たちが新品、中古を問わずに商品を並べている。

フリマはいける！　とわかったので、この日以降は各地のフリマに積極出店することにした。

当時はフリーマーケットがまさに盛り上がろうとしていた時期で、代々木公園や明治公園などの都心の人気会場は朝から人でいっぱいだった。

朝8時に行っても、掘り出し物を探す人たちでにぎわっていたのだ。

雑誌などでもフリマの記事が盛んに出ていて、お年寄りから、家族連れ、おしゃれな若者など、いろんな層の人たちがいた。

初出店で7万円売れた代々木公園など都心の会場は人気が高く、なかなか場所の権利を取れなかった。

なぜなら人気のある場所は出店希望者が多く、リサイクル団体の会員に申し込んだり、事前にはがきを出して、抽選に当たる必要があったからだ。

おまけに業者っぽい品ぞろえをしていると、団体から「この出店者はリサイクル目的でないという警告」をもらうことになる。警告は一回までは許されるが、2回目をもらうと会員資格をはく奪されることになるのだ。なるべくリサイクルっぽく見せるために、いらなくなった古着やがらくたを混ぜたりするのだが、ライターを売りたいという意図が見え見えではあるので、会員資格はどんどんとはく奪されていく。僕の名義などすぐに使えなくなってしまったので、家族や友人の名前と住所を借りて、会員資格をはく奪されるスピードよりも早く、新しい会員資格を申し込んでいく必要があったのだ。

当時住んでいたアパートには、新規に会員申し込みをしたり、会場の申し込みをするためのはがきをまとめて買い置きしてあった。

毎回リサイクルっぽさを出す必要があったので、ゴミ置き場は常にチェックしていた。

なんだかんだ言っても豊かな日本人は、まだまだ使えるものを平気で捨てるので、大型マンションのゴミ置き場などには、フリマで売れそうな商品？　がかなりの高確率であったのだ。


ビジネスをやっていた感覚なんてなかった。

ただ、一方ではタダ同然、というか、タダのゴミだったものが、場所を変えたり見せ方を変えたりすると、ちゃんと商品になって売れるのが愉快で仕方なかった。


もともとゴミ拾いは大好きだし。近所のゴミを拾って回ったり、またベトナムに買いだしに行って、思いっきりライターを仕入れてきたりした。

元々は友人と始めたフリマだけど、土曜日曜はサラリーマンの友人や大学の後輩なんかをバイトとして雇って、あっちこっちのフリマで売らせたりもした。

フリマがブームになり出した頃だったので、探せば会場はいくらでも見つかった。どんどんと申し込みをして、場所を押さえた。

週末のフリマに備えて、木曜や金曜の夜にはバイトしてくれる人たちに商品を渡していた。週末のフリマでは数か所に出店するためだ。代々木公園や明治公園など売れる会場では、同じ会場内で２か所、３か所の場所を取った。

まだバブルの勢いも続いていたのか？　インターネットが普及する前で、ものの値段が高かったのか？　週末だけやって、お手伝いの友人たちにバイト代を払っても、月20万以上は儲けになった。

卒業して入った会社は3週間で退社

ふと気がついたら、もう大学卒業も近くなり、将来を決めなきゃならない時期に来ている。普通ならちゃんと将来のことを考えて、就職活動をするのだろう。が目先の生活費には困らないし、今まで自由にやり過ぎたので、大きな会社に入ってサラリーマンをやろうという発想にはまったくならなかった。両親もサラリーマンではないし、周りの大人もアウトローが多かった。ならば、もともと出版系の仕事には興味があったし、試しに出版社ででも働いてみるかと、てきとうに大手の何社かの就職試験も受けてみたが、受からなかった。

今考えてみると理由はわかる。

履歴書の写真なんかもぎりぎりで駅のインスタント写真で撮っているので、写真の中の自分が汗をかいているのだ。間に合わなくて駅まで走って行き、汗をかきかき写真を撮ったからだ。

ちゃんと時間をかけて準備しているまじめな学生からすると、まったく理解できないふざけた奴だと吐き捨てられるだろう（笑）。たまたま友人が受けに行くと言っていた教育関係の出版社に、僕も一緒に行ってみた。会社のことはほとんど調べていない。友人に付き合ってみただけだが、なぜか就職が決まった。

もともと長くつとめるつもりはなかった。というか勤まらないだろうという漠然とした感覚があったのだと思う。ただ会社員は向かないと言っても、会社員を経験できるのは大学を出たタイミングだろうから、経験のつもりで就職してみたのだ。

結局、1年どころか3週間で辞めてしまった。

もともと長く勤めるつもりもなかったし、給料をもらわなくても、ぜんぜん困らなかったからだ。フリマの副収入も給料と変わらないくらいあった。

入社後の態度も謙虚さに欠けていたことが、経験をあるていど積んだ今であれば（多少は？）わかる。

まだ研修期間中に社長に呼び出されて怒られたのだが、僕は「あまり会社の体質に合わないようであれば、いつでもクビにしてもらって大丈夫ですよ」と言い返した記憶がある。「僕」というのは入社したての新卒社員である。まあふざけているというかナメているのが、今ではよくわかる。

同期や先輩におもしろそうな人がいなかったのも、すぐに会社を辞めた原因かも知れない。

今まで船で世界一周をしたり、いろんな場所や人に会って、おもしろい経験をしてきたので、会社に文句を言いながらでもこつこつと働いていくなどという発想はまったくなかった。合わない輩と過ごす時間などは人生のムダだ！　という考えだ。

入社直後の研修の帰りに、先輩の運転する車の中で、僕はウトウトしてしまったことがある。すると「俺は運転手じゃねえぞ！」と怒られたのだ。「ハンドル握っているあんたは紛れもなく運転手だ」とは言わなかったが（笑）、僕はあきれた。

新入社員がなれない仕事に疲れてウトウトしている。僕が先輩であれば黙って休ませてあげようと思う。運転なんて、誰かがやれば良い。先輩だから、後輩だからなど関係ない。

疲れた後輩は少し休ませ、帰社したら、また新しいことを教えよう、と思うべきだと思っていた。

こんなつまらない先輩のもとで働いていたら「アホが移ってしまう」と思ったので、会社は３週間で辞めた。まだ研修期間だった。誰も止めてくれなかった（笑）。上司にも散々ナメた態度を取っていたのでしょうがない。

今考えると、申し訳ないことしたなあという気持ちはある。今だったらもう少しうまくやれるような気もする。が会社を辞めたことにまったくの後悔はない。

会社を辞めて、また学生時代のように自由な時間が戻ってきた。

フリマでの物販には可能性があると思っていたので、まずは車を買うことにした。インドで知り合った女学生の実家が車屋だったので、下取りの車を安く売ってもらった。車両代2万円のホンダシビックで、埃まみれの車だった。

車に乗るたびに目がかゆくなり、鼻水が出たのだが、原因が車の埃であることに気付くのに数ヶ月かかった。布シートを叩くと、車内が埃で黄色く見えるような、すてきな車だった。

車を手に入れると、粗大ゴミの出る日を調べて、夜な夜な、マンションとかのゴミ置き場を回ったりした。千葉くらいまでは普通に遠征していた。

もちろんライターを買いに、ベトナムへも行っていた。ベトナムに行く際に、直行便だとチケット代が高いので、香港などを経由していくことが多かった。

初めは運転資金が足りなかったので、カードでキャッシングしたり、サラ金で借りたりもした。金利は高かったが、それ以上のリターンを得られたし、友だちを紹介したりすると、少しキャッシュバックされたりしたので、まったく問題はなかった。

「ゴミ拾い」の哲学

会社を辞めて本格的にフリマに取り組んで、たしか半年ほどで売り上げが月に200万円くらいになった。アルバイトもジャンジャン使って、いってみれば「プロのフリーマーケッター」というわけだ。

「世の中に、まったく価値のない物はない」というのが、僕のゴミ拾いのポリシーだ。たとえば、デカい飾りの将棋の駒が捨てられていたとして、「そんなの使いようがないよ」とあっさり見限ってしまったら、そこで終わり。「あ、これ、飾りとして面白そう」と思った途端に、ゴミは商品として生まれ変わる。実際に将棋の駒は2千円で売れた。

捨ててあった古着だって、場所と使う人さえ変えれば売れる。

価値感というのはひとりひとり違う。こんなの誰が欲しいの？　という特殊なものでも、世の中のどこかにはそれを熱烈に愛する誰かが存在するものなのだ。ゴミを拾うのは、その物の持つ意味を掘り起こすこと。普通の人なら「使えない」って捨てちゃうものを、再発見する作業だ。

ボロボロのバンダナなら、穴があいているところを切って、ティッシュボックスに貼ってみたら面白い。ボールペンの芯がなくなって外側だけになったら、それをストローや、シャボン玉飛ばすのに使える。吹き矢にだって出来るかもしれない。

ガラス部分の割れた、絵の額縁だけでも、飾りに使えるし。穴の空いた古着だって、そこにかわいいワッペンを付けるだけで新しい価値が見えてくる。

「これには価値がない」と思うのはあなたであって、あなた以外の人にとっては、それが宝物になり得るのだ。

いちおう法律では、無許可で勝手にゴミを収集してはいけないと決められている。でもゴミ収集車が回って、ゴミをゴミのまま処理するのと、ゴミを商品として蘇らせるのと、いったいどっちが世のためになるか？　と考えた結果、僕は後者の方がいい、と結論出した。

ゴミを拾っても、迷惑かかる人はいないのだし。

もちろん20年前の話で、今はやっていない。やっているヒマもない。

でも、街を歩いていると、ついゴミ置き場に目がいってしまう。「あ、あれなら絶対に、リサイクル商品として売れるな」と手が出そうになったりもする。

小学校時代からの習性だから、簡単には治らない。

「気楽や」

ゴミ収集と並行して、相変わらず海外での仕入れもやっていた。ベトナムでのライター買いつけは続いていたし、そのついでに経由地の香港やバンコクでも見よう見まねで商品買って歩いていた。

香港では時計。バンコクではTシャツとか仕入れて、また日本で並べるのだ。適当に会社の名刺作って、「日本で商社を経営しているのですが」なんて、ハッタリもかましてみたりもした。当時は会社組織にもしていなくて、フリマだけやっていたんだけど。

商品についての研究も、細かくするようになった。ライターに関する本を買って、どんなデザインのものが売れ筋であるか、とか。

ところが、フリマは主に週末しか開催されていない。会社も辞めてしまったので、平日に商売できたり、天候に左右されない場所が欲しかった。そしてぴったりの場所があった。

中央線の西荻窪駅から徒歩10分。友人の父親が経営している喫茶店の車庫だ。駅からはちょっと離れているが、アンティーク関係の店がたくさんあるし、住人の多い住宅地でもある。「自分にとって価値のある物」を求めて、いろいろな人が集まって来るところ。

毎回、フリマに商品を運んで、販売して、終わったら下げて、というのもなかなかたいへんな作業でもあったので、安定してフリマ？　をできる場所を確保できたのは嬉しかった。

つけた屋号は「気楽や」。気楽にやろうよ、という気持ちから名付けた。

ゴミ収集した古着から、ライター、スニーカーをはじめとした雑貨とか、仕入れたものはかたっぱしから並べて行った。

これが売れた。「喫茶店の横にヘンな店がある」って口コミが広がって、一日20万円売りあげたりしていた。

困ったのが、喫茶店のオーナーである友人の父親だ。

「そんなにハデに商売されたら、税務署来るからやめてくれ」

といわれて、同じ西荻に7坪くらいの店を借りて引っ越すしかなかった。家賃は確か月11万2千円。

ここの店もハヤった。

そのうちに、香港でたまたま仕入れた日本未発売カラーのアディダス製スニーカーがある雑誌に紹介されて、ちょうどスニーカーブームにすっぽりとハマって、トントン拍子に波に乗っていった。良い時は月に８００万円以上の売り上げになった。


原宿に店を構えるようになったのもそのころだ。友達がやっていた店を引き継いで、スニーカーの専門店をまず始めた。スニーカーの仕入れというのは、実はそんなに難しくない。なぜならファッション誌や専門誌がたくさん出ていて、トレンドや評価をすぐに勉強できたからだ。

雑誌を見れば今のマーケットに足りないモデルや、これから流行するモデルがすぐにわかった。スニーカーを扱った経験はまったくなかったが、雑誌情報を頼りに、アメリカ、韓国、タイ、中国、フィリピンなど、日本人バイヤーのなるべくいない場所を探して出張を繰り返した。

それがブームとうまくシンクロして、店舗の数も増えていった。

ただ、ブームはあくまでブームでしかない。

ジッポーライターだって、そのうち売れなくなっていった。スニーカーだって、だんだんと売れなくなり、仕入れも難しくなっていった。それで次は洋服を主力にしたり。販売量が増えてくると、オリジナルで企画した服も売ってみよう、となっていった。気がついたら、衣料や衣料雑貨など、アパレルが中心の店を20店舗以上営業することになってしまった。

特に計画したわけでもない。だから「起業」した実感などはまったくない。来た球を思いっきり打つということを繰り返してきただけで、それ以上でも以下でもない。

こだわりは持たない

よく、スニーカーならスニーカー、古着なら古着って、一つのジャンルにこだわってビジネスを続けていく人もいる。たとえブームが終わっても、一つのものを貫き通すとか。

それもいいかもしれない。時代遅れといわれながら、ずっと和服にこだわったり。ただ、こだわるっていうのは、よっぽど能力があるとか、古い伝統があるとか、そうしたプラスアルファーを持った人がやるべきことだと思う。

僕らみたいに、別に特別な能力もなければ伝統もないようなものは柔軟性のほうが大事だと思っている。だいたい、ほとんどの人のこだわりなんて、他人から見たら、それほどたいしたものじゃない。

ヘンなこだわりなんて持たなくて、素直に、今、なにが売れるかっていうものを追

及していったから、経験のない僕らがやってこれたのだろう。

そもそも自分がアパレルなんてやるとは、学生時代はまったく考えてもいなかった。オシャレにも、ほとんど興味なかったし。原宿に店を出すのも、まるで想像してなかった。原宿なんて代々木ゼミナールに来た記憶しかない。原宿での買い物経験はゼロだった。

すごい努力したとは思っていない。ただ、何でも億劫がらずに「とにかくやろう！」と動き回ったことは自慢してもいいかもしれない。

海外に買い出しに行くのも、学生時代からバッグパッカーであっちこっち行ってたから、別に面倒じゃない。たとえば買い付けに行くとしても、普通はフィリピンの田舎の小さなスポーツショップなんか行かないのだ。でもそういうところに日本でどこ捜しても見つからない15年前のレアなアディダスのウィンドブレーカーが埃をかぶって在庫になっていたりしたのだ。とにかく現地に行く。本当にあるのか、あっても手に入るのかはわからなくても、まず行く。

はじめは、輸入の方法なんてまったく知らないから、とにかくハンドキャリーした。航空会社の荷物のカウンターで交渉をして、最高で400キロの荷物を持ち帰ったこともある。もちろんそんな大量の荷物などタクシーには乗らないから、現地でトラックをチャーターするのだ。

普通の人間は、そこまで体が動かないのだ。

妙なプライドがなかったのもよかった。カッコつける経営者って、たとえ経営状況が悪くなっても、それ隠して、虚勢張るでしょ。「うまくいってる」って。それに、どうしたらいいかわからないことがあっても、なかなか人に聞けない。

こういうのは、挫折すると折れやすいし、立ち直れない。僕はダメな時はダメというし、わからなかったら、何でも人に聞く。

時代もよかった。1990年代って、まだインターネットが普及していなかった。おもしろい商品は足を使って探す必要があった。たとえばナイキのスニーカーでも、供給が需要に追い付いていなくて、レアなモデルには相当のプレミア価格が付いた時だった。「この店にこんな面白い物がある」と雑誌に載ったりすると、マニアはわざわざそれ目指して、朝一で九州から東京に買いに来たりしていた。

今は物も溢れてるけど、それ以上に情報が溢れてる。ネットのオークションで、動かなくても何でも買えてしまう。とてもあのころのやり方は通用しない。

そんな具合で、20代から30代にかけては、比較的順調と言えるかもしれない。30代後半からは、それこそ山あり谷あり、というより、だいぶ谷のあたりをはいずり回るような日々が続いた。それについては次の章で語っていくことにしよう。

第二章　「心のすき間」から生まれた、人生最大の「挫折」

「人生上がり」を考えてしまった

細かい「挫折」はキリがない。

オリジナルで作ったTシャツや自転車が売れなかったり、仕入れ先で前金で払った1300万円を持ち逃げされたり。

でも、倒産寸前に追い詰められた、とか、何十億もの借金を背負った、とか、そんな危機的状況になったわけじゃなかった。

一応、年商で見ると、ピークで16億円くらいはあった。福岡、新潟、名古屋、松山など、多い時では原宿を中心に日本全国で34店舗展開していた。アパレルだけじゃなく、インテリアショップもやっていた。アメリカの西海岸のセレクト家具店の海外フランチャイズ一号店を直接交渉して、開店したりもした。原宿と高円寺でマッサージ屋もやった。

要は感覚的に面白そうなことはどんどんチャレンジしていたのだ。

いろいろと新しいことを調子に乗ってやってはみたのだが、すべてがうまく行ったわけでは当然ない。

インテリアショップはとてもイメージが良くて、雑誌には毎月のように取り上げられたし、働きたいという若者から、募集もしていないのに履歴書がたくさん届いた。在庫の保管のために大型倉庫を東京と山形に2つも借りていた。今になって冷静に考えてみると、イメージアップにはなったが、利益貢献したかどうかは怪しいところだ。

ただ目黒通りに店を出す際に、夜逃げしたラーメン屋の跡地を土地ごと買って、改装して店にしていたが、撤退の際にお店を売ったところ、不動産では4000万円ほどの利益が出たのは嬉しかった。マッサージ屋もそれなりにお客様が付いて来たのだが、人間関係がうまく調節できずに、結局は事業部を閉鎖して、本業に特化しようと思うことにした。

感覚のままに事業を広げ過ぎた反省も少しあって、その後、ちょっとずつ店舗を絞り込んで行った。

いろいろと手を出しても簡単には儲からなくなっていたし、わざわざ利益が出ない店を開けておくメリットもない。初めのうちはとにかく来た球は何でも打つ！　というスタンスで、反省も迷いもなかったのだが、聞き分けのない人間でもちょっとづつわかることがあるようだ。利益の出ないお店をやっているのであれば、家で寝ていたほうが効率的であることに気がつくのに10年以上かかったことになる（笑）。

だから、人生最大の「挫折」を味わう２００７年から２００８年の時点で、事業内容そのものが救いようのない下り坂だったわけではない。なんとなく始めた事業がよく10数年も、大きな壁もなく会社を続けられたのかは不思議と言えば不思議だ。

今から考えると、見よう見まねで経営を始め、多い時ではアルバイトを入れると１５０人くらいの人をまとめる最終責任者というのに疲れ、もう少しゆったりとやりたい、一息つきたい時期だったのではないか。今でも、何で起業をして、経営をやり続けているのか？　考えてもさっぱりわからない。よく子供のころから経営者として生きていこうと思っていた、というような社長の雑誌の記事などを見たりするが、僕はまったくそういうタイプではない。

会社もそこそこ大きくなっていけば、いくら好き勝手にやっているとはいえ、フリマでゴミ収集所から拾ってきた物を売っていたような頃のようには、気楽な気分ではいられなくなる。組織として会社を運営していかないといけない。ルールなど嫌いで、自由にやってきた僕が、ルールを作って管理しなければならない立場で居続ける必要があるのだ。

就職も3週間しかもたなかった僕が、結局、自分が作った組織に縛られていく。疲れもあったのだろう。

手元に残った物を見ていくと、ある程度、蓄えてきた不動産や株、現金もある。ならば、ここで一つ、「人生上がり」にして、家賃収入を確保しつつ、もっと自由に生きてみたい、と考えてしまったのだ。

M&Aで株を売却

たまたま、知り合いの中に、経営していた会社を売って身軽になった人がいた。その彼の話を聞いて、「自分もそうすればもっと自由になれるかも」と思った。

友人の紹介で、M&Aの仲介をしている会計事務所と契約をして、会社案内を作ってもらった。プロの作った案内はとても格好の良いもので、将来性のある数字が並んでいるものだった。

会社を売りに出すと、比較的すぐに反応があった。

元上場企業の役員が豊富な資産を基に、20社ほどのグループをつくりたいとのことだった。

しかも全面的に経営からリタイアするのではなく、株を売った上で、自分も経営者として残って欲しい言われたのも魅力的だった。僕も決して全面引退したかったわけではなく、責任の一端を誰かに委譲して肩の荷を軽くしたかったのだから。たっぷりとおカネを持ったオーナーがバックについてくれれば、資金繰りにエネルギーを使う分を減らして、もっと大きな勝負ができる。上場企業の経営をまっとうしてきた人から、経験を吸収したいという思いもあった。

が、心の中では資本家に頼って、楽なほうに逃げてしまったのだと今は思う。

すぐに会食をセッティングされてカネ持ちのオーナー候補のA氏と会った。場所は、いかにもありがちな、六本木ヒルズの高級レストランだ。

そのオーナー候補と財務役員候補と僕。3人で話しをした。

僕はもともと大酒のみではないので、2、3杯飲んだだろうか。A氏は3、4杯。僕と同世代の財務役員候補はあまり多くを語らずにぐいぐいと酒を飲んでいた。10杯以上飲んだだろうか。

当時、僕は40歳手前。A氏は15歳くらい年上。財務担当は同年代で1つ年上だった。

はっきりと言うが、A氏は気の合うタイプではなかった。運転手付きのでっかい最新型のベンツでやってきて、「社長だから、運転手くらいいないと」と、さも当然のように信じている人間には、好感は持てない。

かつていた会社で、どれほど営業面で辣腕をふるったか、の自慢話もちょこちょことしていた。

ボクは直感で、「この人とは合わない」と感じた人とは仕事をしないと決めていた。だが、その時期だけは、判断が鈍っていたというか、金持ちと組んで楽になりたかったのだろうと思う。

ちょっと言い訳を許してもらうとするならば、大酒のみの財務担当役員にはとても好感を持った。自慢話をするわけでもなく、ただただ酒をぐいぐいと飲む。たまに料理と自然の話や宇宙の話をしたと思う。大酒を飲み、ふらふらとタクシーに乗り込んで帰っていく姿がなかなか無防備ですてきだった。後日、料理の本と詩の本を送ってくれた。センスの良い、気持ちが温かくなるような本だった。彼とは一緒に仕事をしたかった。

A氏は気が合わないようだが、この人と組めば、煩わしい資金繰りからも解放され

るし、カネの心配をせずに人生安泰、と計算してしまった。安泰なんてくだらない、アップダウンがあってこそ人生は面白い、なんて公言していたくせに。安定というのは僕が思った以上に手強い相手だったのだ。

僕の会社は借金もそこそこはあったものの、渋谷区にあった本社も自社ビルだったし、他にも不動産を所有していた。当時は為替予約もけっこうな額でしていて、当時の損得ではそれなりの含み益を抱えていた。店舗も原宿の貴重な場所にあった。投資する側としてはグループの傘下に入れても悪くない、と考えたんだと思う。

僕の持ち株を全部売るのではなく、過半を売るが、自分の持ち株も残すということでM&Aは成立した。

今まで、一度に手にしたことのない、銀行に入れたことのない金額の通帳を見てみたが、あまり実感はわかなかった。そもそも契約の日に僕は海外出張をしていて、契約には立ち会えなかった。というか立ち会わなかった。

Ａ氏の傘下にはなったものの、経営は続けるし、以前とさほど変わりはないはず、だった。

ところが、そこが甘かった。

驚きのグループ企業

僕も経営など何もわからない中で、会社を作り、見よう見まねで経営をしてきた。が、そんな僕から見ても、何もわからないにも程があるとおもったくらいだ。

グループ企業を20社立ち上げるということで、Ａ氏はその各社の社長に予定されている人間を集めて総会をやると言いだした。ボクも系列会社社長の一人になるわけだから、参加した。

豪華なホテルの会議室をわざわざ押さえて、表面だけは立派な船出に見える。ところが、集まってきた連中ときたら、Ａ氏のイエスマンというか太鼓持ちというか、Ａ氏にくっついて甘い汁吸いたい、ってそれだけの人間ばっかり。

だいたい出てくるビジネスプランもショボい。

A氏の前の会社の部下やら、保険屋やら、キャバクラ経営してたのやら、食堂やってたのやら、いろいろいたが、みんな、A氏にゴマすることしか考えてない。

会社経営などやったことも考えたことも無いというような連中が大半で、レベルの低さにはびっくりとした。

僕がレベルが高いと思っているわけではないのだが、彼らが明らかに経営は務まらないだろうことが一瞬でわかった。僕も社会人になってから、ほとんど独立して生きてきているので、経営者として生き残ってきた人のレベルはよくわかっているつもりだ。


この人はすごいなあという経営者がずっと活躍し続けるわけではない。どんな優秀な人でも失敗することは少なくない。実力だけではない、様々な要素が生き残りには必要なのだ。が、こりゃダメだろうと思った人はほぼ例外なく、ダメになってしまった。

こんなの成り立たんでしょ！　というのを最初の会議で強く感じた。

幹部役員にはあまり高い給料は出さなかったのに、最新型のでっかいベンツだけは支給していた。

「ベンツに乗る奴は価値のある人間なのだ」というわかり易い価値観をもってたみたいだ。ある役員などは子供が生まれたばかりだったのだから、ベンツ支給するよりは給料上げてあげたほうが良いのでは？　と僕は思っていた。生活と気持ちに余裕が無ければ、でっかいベンツなんて、燃費は悪いし、停めるのにも気を使うし。

正直、誰ともぜんぜん話が合わなかった。無理して仲良くするような社会性を、僕は昔から持ち合わせてもいなかった。

最初の総会が終わったあとで、みんなでキャバクラに繰り出して行く時、時間の無駄だと判断して、早々に会場を後にした。大酒のみの財務担当役員も僕と同じように感じたようで、帰りがけに二人で居酒屋に寄った。何を話したかは忘れてしまったが、彼とはおだやかに話ができた。

結局、予定していた20社の大半は、会社として機能する前につぶれたようだ。当然だ。しかし、グループの他の連中はまだいい。別にボクの会社に口をはさんできたりしないから。弱ったのがA氏だ。こっちが株を売った途端、まるで「独裁者」になったように態度を変えた。

株は売ったが、魂は売ってない

傘下に下ってすぐの個別会議で、お互いの関係にはあっけなく亀裂が走った。僕は立場がどうであれ、意見を出す覚悟と義務が経営者というか、大人の仕事人にはあると思ってやってきた。がA氏には「おれがオーナーなんだから、ごちゃごちゃ言わずに、おれの言う通りにやれ」というようなことを言われたのだ。

もちろん怒鳴ったりはしないが、この一言に僕は切れた。

「申し訳ないけど僕は株をあなたに売っただけです。魂を売ったわけではない。納得できる理由もなく、ただ軍隊のようにあなたの指令に従うことなど出来ないし、する

つもりもない」

ということを喧嘩腰で言ってしまった。

A氏の方だって、自分がカネ払ってオーナーになったのに、僕が歯向かってくるのは許せるはずもない。

A氏は僕を「部下」であり、「黙ってオレのいうことを聞く」存在と決めつけていたのだ。

バイトで働いている女のコにも、「この店、どうしたらもっとお客さん、来るかな?」と意見を聞くのが当たり前だし、何でも自分で決めて、周囲が意見を言ってきたら、「余計なこと言うな!」と高圧的に抑え込むのは、人の上に立つ人間としてやるべきじゃないと考えてる。

確かに、最終判断は、社長なり経済的なリスクを取っている人が決める。最も大きなリスクを抱えている人間に、その権利はある。が、それはあくまでそういうポジショ

ンにいるだけで、必ず正解を出せるわけはない。現場に近いほうが、より良い解決策を持っている場合も少なくはない。

A氏は今まで独裁的に経営をやってきた、周りの人間の意見を聞かない、シンプルな人であることは付き合いだしてすぐに分かった。

A氏との関係が完全に炎上したのは、株を売ってから2～3カ月くらいたったころだった。

オーナーになった限りは、会社の資金繰りはA氏がちゃんとサポートしてくれるものと思っていた。過半数の株を売ってオーナー権を手放したのは、そこを相手がバックアップしてくれるという話だったからだ。

が、現実はまったく違った。ああしろ、こうしろ、と命令はしてくるくせに、資金繰りは一切やってくれない。

「おかしいじゃないか」という話は何度も冷静にしたはずだが、向こうはまったく動く気配がない。

これでは株を売った意味がないというくらい、何もしなかった。

どっちも一度突っ張りだしたら、引くはずもない。

ちょうどグループで都心の見栄えの良いオフィスビルを大きく借りて、そこに全社が入る話も進行していたが、ドタキャンをして入居することを止めた。オーナーとしてやるべきことをまっとうしてくれる意思が確認できない以上、オフィスを合わせる理由もない。

一連の状況を友人や弁護士、専門家に相談もした。


今後も一緒にやることは、まずあり得ない。となると、やはり僕が売った自社株を買い戻して、前の状態に戻すのが王道のようだった。

そこまではやむを得ないとして、A氏側は、だったら自分が出したカネにプラスして、ペナルティも付けろ、と要求して来た。それが数千万円。売った株を買い戻すことを考えると億単位のお金を用意する必要があった。

難しい選択だった。大人の解決法としては、少々多くおカネを支払っても、さっさとA氏にお引き取り願うのがすっきりしてよかったかもしれない。有名な上場企業社長経験者にも相談に乗ってもらったのだが、お金はまた稼げばよいのだから、数千万のお金であれば払ったようが良い、という意見が多かった。A氏と全面戦争を続けるのも意味はなかった。

ただ大人の解決というのは自分には向いていないのも良くわかっていた。金額の問題ではない。筋の通せない、品の無い金持ちには10円だって払わん！　と大人げなく考えていた。

どちらにするか決断ができないまま、一度は買い戻し交渉を進めてはいったものの、どうも自分の気持ちがスッキリしない。しかしA氏側も意地になっているので、絶対にペナルティの要求はやめないのもわかっている。いろいろと友人などに相談しているうちに、応援してくれる有力者が何人も見つかり、集まってくれた。財力や知識や人脈があり、大人げない実力者たちだ。

そんな大人げない大人たちと話をしている中で僕は結論を出した。

「全面戦争だ！」

黙って頭を下げていれば、経済的には何不自由ない生活が保障されていたのに、何で？ と思う人が多いかも知れない。がそれはできなかった。プライドはプライスレスなのだ。

ペナルティまで払って売った株を買戻すなんておかしい。ここは気が済むまで闘うのだ！

全面戦争

買い戻し拒否を伝えた途端、A氏からボクの携帯電話にはストーカー並みの数の電話が来るようになった。ずっと留守電にしていたが、もう罵詈雑言の雨アラレだ。

株の過半をあっちが持っているのだから、いずれ社長を解任されているのも目に見えていた。ただし、法的手続きもあって、解任までは2カ月くらいかかるのもわかった。

そこで、向うから来た内容証明をギリギリまで受け取らない、とか、クビになるのを出来るだけ引き延ばしつつ、残務処理を済ましてしまおうと動き出した。

要するに、払うべきところにはおカネを払ってしまって、極力、迷惑をかけない。僕が社長を解任されると、その後に何をされるかわからなかったからだ。

不正はしなかった。おカネを着服したりは一切してない。帳簿類をA氏側の会計士がチェックしても、問題は出て来ない。

弁護士や税理士が同席の上で、何度も話し合いをした。「話し合い」じゃなくて、実質は口げんかかな。

だってお互いがまったく折れずに何時間でも平行線が続くのだから。僕は何時間でも何日でも同じことを言い続けた。ぜったいに諦めずに、同じことを言い続けた。相手が根負けするまでずっと同じことを言い続けるつもりだった。

なぜか話し合いの場には、どういう種類の人間だか、よくわからないのも来ていた。

法律や会計の知識のある経済やくざのような輩や人は殴れるけど新聞は読んだことありません、という感じの鉄砲玉崩れ？　のオヤジなど。

今は暴力団対策法があるので、やくざであればとっとと警察にお任せしようと思って、名前と住所を持って、警視庁の知能犯課に相談したりしたが、やくざではないようだった。

まあ、A氏のまわりに群がってカネづるにしようとしている「取り巻き」なのだろう、とは想像がついた。

ついに社長解任

最初は「取り巻き」は単なるA氏のボディーガードなのだろう、と理解していた。

そのうち、彼らが「事件屋」というか、「トラブル処理業者」というか、暴力もチラつかせながら、ことをおさめて、儲けようとする類だとわかった。

よく観察してみると、ある程度の知識と頭の回るのはボスだけで、あとは頭の弱い鉄砲玉のようなおやじばかりだということがわかった。

僕のほうが屁理屈は得意だったので、奴らをおちょくって暴力でもふるってくれたら、警察に持ち込み、こっちの勝ちだと踏んでいたのだが、なかなか暴力は振ってくれない。そこら辺の事情はちゃんと押さえていたのだろう。

「ナメんじゃねえぞ！」って言われたら、こっちの「申し訳ないけど、子供のころからずっとナメてきたから、今更ナメんのやめられるか！」みたいな掛け合いも、今考えると漫才のようだ（笑）。

会社のビルにも、その「取り巻き」連中3～4人が乗り込んできた。

向こうのボスは人のいないベランダで「あんたのよく行く中国だと、人ひとり殺すのに50万円くらいかかるやろ？」「俺が良く行くフィリピンなら、人一人殺すのに10万でもいけるで？　安いやろ？」なんていう安っぽいドラマのような会話が聞けた。

素直にA氏の言う通りにするのが身のためだ、と言いたかったのだろう。

社員たちには怖い思いをさせてしまい申し訳なかった。しかし僕の中では小説やドラマのような展開を面白がっている自分が居た。

ただそれなりに準備はしていた。僕の現住所は誰にも明かさなかったし、帰宅の時間も手段もばらばらにした。当時、自転車で通える距離に住んでいたのだが、帰り道は毎日変えたし、尾行がないかもチェックしていた。今となっては笑い話だが、部屋と車には金属バットを積んでいた。もし襲われた場合には、金属バットをどう使うのか、頭の中でシュミレーションもしておいた。後遺症が残らないように骨折させるにはどこを打つのが良いのか考えていたが、実行に移す場面がなかったのは本当に良かった。

さて、いよいよ、社長解任だ。

それが決定した途端、ボクはA氏の差し金で、自分が建てた本社ビルにも立ち入れなくなってしまった。やむを得ない。会社を所有しているのは向うの方なのだから。

A氏は、僕の横領を疑って、帳簿を会計士にチェックさせていた。

もちろんそんな展開になるのは予想していた。帳簿は完全にきれいだった。でも今から考えるともう少し喧嘩を売っておいても良かったかもしれない。少し後悔している部分もある（笑）。

Ａ氏は、名の知れた、弁護士費用もバカ高そうなトップクラスと言われている弁護士を雇っていた。本来払うべき金は出さないのに、自分の体面を飾るためには、いくらでもカネを惜しまない人なのだ。

こちらには、弁護士はいない。しかし、弁護士以上に法律に詳しい友人がバックアップしてくれて、ひけをとらなかった。というか弁護士よりもはるかに有能だった。

皇居の周りにある高そうな弁護士事務所にいる、高給取りの高慢な弁護士を友人がけちょんけちょんにバカにするのはとてもおかしかった。

なぜだか僕の周りにはトラブル好きの能力の高いアウトローが何人も居たのだ。このことには心から感謝をしている。

僕が解任された後の後任社長にどんな人間を持ってくるのか、と注目していたら、例の「取り巻き」の内の一人が社長ということになった。驚きを通り越して、呆れた。

ちんぴら崩れのような品も経営の知識もまったく無いおやじだった。
A氏のまわりにはそこまで信頼できる有能な人間がいないのか、と闘っている相手ながら、同情してしまった。

ボロボロになっていく会社

僕は締め出しくらっても、社員たちはすぐに辞めるわけにもいかない。お店は営業し続けていたし、突然辞めたりすれば、迷惑をかける人がたくさん出てしまうのは健全な会社であっても、トラブルを抱えた会社であっても同じことだ。どんな状況でも責任感を持って、仕事を続けてくれた社員には改めて感謝をしたいと思う。残った社員とは密にコミュニケーションを取っていたので、日々の会社内部の情報は教えてくれる。

日を追って会社がボロボロになっていく様子を聞かされて、自分の作った会社が崩壊していく寂しさと、戦わなければならないという興奮とがないまぜの複雑な心境になったものだ。

社長といっても、決算書も読めない。まともに経営する気もさらさらない。さっそく就任とともに商品は横流しするわ、使い込みは始めるわで、すぐにA氏と関係は決裂した。僕はいざと言う時の為に、虎視眈々と社長の横領の証拠を揃えて、有事の際に備えておいた。もうとっくに有事なのかも知れないが（笑）。

社長も社長なら、それに引っ張ってこられた役員もどうしようもない。社内につけてた監視カメラでチェックした。役員がパソコンの前に座って、ずっとネットでエロサイト見ていたのを僕らがチェックしていたことを彼は知らなかったと思う。

経営はムチャクチャのうえに、そもそも基礎能力が圧倒的に低い。業界の知識や経験もまったくないのだから、商品を作ったり、仕入れをする能力もない。社員たちだって、このままいてもしょうがない、と次々にやめていく。

社長や役員も、ただ在庫を叩き売って私腹をこやすのだけが仕事だった。数カ月後にはその社長も失踪して、本社ビルは競売にかかってしまった。

僕とA氏との闘いは、どちらにも何の利益ももたらさなかった。ただお互いが疲れただけだ。

もっとも、僕はそれでへこたれていたわけではない。

会社というのは、人が作るものだ。

どんなにお金や歴史があっても、それを適切に運営する人材が居なければ、成り立たない。会社の一つや二つはくれてやっても良いと、早々に気持ちは切り替えたつもりだ。会社はトラブルにまみれていたが、周りの友人たちからの信用は傷ついていなかった。

今後も付き合いを続けていこうと考えていた会社や人たちには一切迷惑をかけなかったから、信用も人脈も残っていた。ケンカする相手と、連帯する相手はきっちりと分けていたのだ。銀行とは決裂することを早々に決めていた。銀行にはトラブルの状況を逐一報告、相談していたが、人間的な対応をしてくれることはほとんどなかったからだ。同業の友人経営者は必要なだけお金を貸してくれたし、保証人にもなってくれた。新しい事務所を同時に作ったのだが、場所は友人の会社の半分を無料で貸してくれた。

A氏と決裂して社長解任までの間に、しっかり残務処理をしていたのもよかったのだろう。

事業は縮小したが、初めからちゃんと利益が出るスタートを切れた。事務所も無料だったり、とかえって恵まれた状況だと言えるかもしれない。元の社員をすべて受け入れることはできなかった。とりあえず、「ついて行きます」と言ってくれた人間だけを引き受けて再スタートをきる。ぜんぶで15人くらい。人数が減ると風通しが良くなった。人数が多い時は、コミュニケーションが取れにくく、風通しの悪さを感じることが少なくなかったから、身軽になったのは良いことだと捉えた。

新たなスタートは、かつて会社を立ち上げた時の状況と雰囲気が似ていて、気持ちがよかった。

事業の歯車は順調に動き始めた。

理不尽この上ない連帯保証人制度

ただ一つ、大きな問題が横たわっていた。前の会社の借金の連帯保証がはずせなかったことだ。

起業する際に会社が銀行などに借金をしたら、経営者がその借金の連帯保証人になる。これは日本では当たり前のシステムだ。他国では当たり前ではないらしい。本来は代表取締役であっても、法人とは責任の範囲がちがう。連帯保証人は、カネを借りた債務者とまったく同じ責任を被らなくてはいけないという。上場企業など、一部の大企業を除けば、会社が借金する際に、銀行は必ず代表者の連帯保証を取る。日本の中小企業の借金は代表者個人の借金とイコールなのだ。

M&Aで会社の株を売った際にも、契約書に「連帯保証は外す」と明記してくれればよかったのだが「外す努力をする」と入れただけだった。もちろんこの問題は契約の前にわかっていたのだが、今までM&Aを何度も経験した財務担当役員から、すでにある契約から連帯保証人を変えるのは難しいことが多いので、という説明は受けていた。が契約時には、この話がこんなにこじれるとは想像もしていなかったので、それはしょうがないですね、ということにしたのだった。

これであとあと、とんでもないしっぺ返しを食ってしまった。

M&Aで会社の株を売ってしまった上に、わけのわかんない連中に乗りこまれて社長を解任されたのだから、連帯保証を改めて外して欲しいという要望を各銀行を回って続けた。確か連帯保証をしていたのは7行あったから、それだけでもけっこうな時間を取られた。

ところが、どう説明しても、銀行はけっしてはずしてはくれない。それどころか、残った借金をさっさと払え、と逆襲してくる。銀行は善良な市民が池に落ちて、もがいているときにさらに冷水を浴びせるのか？　それが社会の公器としての役割なのか？　おたくら何のために銀行員になったのか？　と人間的な対応をするよう懸命に働きかけたが、それに答えてくれるような熱い人や銀行には結局巡り合わなかった。まあ僕なんかに、何のために銀行員になったのか？　なんて問われるのはエリート銀行員からすれば、とんでもない屈辱だっただろうと想像するが、本音だったのでそれはしょうがなかったということにしようと思う。

要するに、会社を乗っ取られ、他人が経営しているのは知っている。会社の資産を自由に動かすことができないのも知っている。しかしあなたが押印して連帯保証をした会社の借金については、乗っ取った会社が払ってくれないので、あなたから回収するというのだ。本来であれば会社が払うべきなのだが、何しろ乗っ取り屋のような連中がやっているので、払えるのに払ってくれないのだ。

「逮捕されたって払うつもりはない」と取引銀行に宣言して回った。

そうしているうちにえぐい銀行は僕の個人口座などの資産をどんどん差し押さえて来た。もう少しやさしくしてくるのではと思っていたのは甘かった。容赦なく、僕の個人口座は自由がきかなくなっていった。

初めのうちは7行からしょっちゅう呼び出しの連絡があったのだが、正々堂々、「払わない」と明言し続けていたら、最後のほうは呼び出しもまったく来なくなった。こんなアホとは付き合えんと思ってくれていたのかどうかは不明だが、余計な時間が取られなくなったのは良かった。

しかし、そのままずっと放置してはいられない。裁判に訴えて連帯保証をはずす方法もなくはなかったが、時間もかかれば費用もかかる。過去を引きづって裁判に訴えても、利益が上がるわけでもない。時間をかけても、結果で報われるという保証があるわけでもない。

そこで、さっさと自己破産してしまうことにした。

そうすれば、一度は借金はチャラになる。代わりに銀行などの融資は受けられなくなるとしても構わなかった。彼らが、どれだけイザとなると自己保身だけに走って取引先なんかあっさり見捨てるかを身をもって知ったから、関係なんて切れたっていい。

自己破産で、まずはリセットして、もう一度、やり直した。一応書いておくが、自己破産した時も、別に僕はまったく意気消沈してもいなかった。周りの友人経営者たちが金銭的にも、全面的に応援してくれたからだ。破産した時も、ほんとうに何にも困らなかった。

何でかれらが応援してくれたかと言うと、かつて彼らが困っているときに僕が応援したり、お金を貸したりしたからだ。非常にシンプルな理由だ。それまでに僕は、気に入った人にはいい加減にお金を貸していた。借用証書などお願いしたこともない。最悪､返ってこなかったとしてもしょうがない。それでも貸しておこうと思ってきた。だから今まで回収できないお金は覚えているだけで1億円近くあるはずだ。でもそうやってきたおかげで、僕を助けてくれる人がいてくれたのだと思う。金は天下の回りもの、という言葉があるが、ほんとうにそんなものなのかも知れない。

実は今の奥さんと知り合って結婚したのが、このトラブル続きの、連日にわたって、銀行やら裁判所やらから呼び出しがかかる厳しい時期だった。

たぶん順調に事業が進んでいた時なら、あえて結婚まで踏み切らなかっただろう。相手もリスクを覚悟して一緒になってくれる、そこが僕にはとても嬉しかった。

結婚を決断したぐらいだから、落ち込んだり、ふさぎ込んだりも一切していない。元気いっぱいの40歳だった。

第三章　今、やりたいこと。やろうとしていること

みんなが助けてくれた

「再起」、と書くと、まるで歯を食いしばって、血の汗を流しながら這いあがってきたようなイメージがあるが、僕の場合は、そんなに苦労をした記憶はない。自ら創業した会社を取られたというのは事実だが、会社なんて、何社でも作り直すことができるはずだ。とずっと思ってきた。

失うことを恐れていなかったので、苦労という苦労は無い。というか会社無くしたくらいを苦労だと言うのなら、苦労なんて大したものではない。昔から「苦労は買ってでもしろ」と言うではないか。

買ってでも経験したほうが良いという「苦労」が、強く望まないのに勝手に転がり込んで来てくれたのはむしろラッキーだったかも知れないのだ。

トラブルをたくさん抱えてはいた。持ち家も差し押さえられたり、預金をロックされたりしていたが、何も問題なかった。トラブルを抱えながら、僕は毎日、普通に楽しくやっていた。

仲間が充分なお金を用意してくれ、保証人になってくれ、事務所を用意してくれ、取引先を紹介してくれ、ビジネスのチャンスを積極的にくれた。高級車まで無償で貸してくれた人もいる。

トラブルまみれの時に、今の奥さんを友人に紹介してもらい、結婚もした。彼女も僕がトラブルを抱えていることはわかっていた。なぜなら僕の部屋には裁判所からの書類が隠されることなく、そのまま置かれていたし、僕の所有している不動産にどんどんと仮差押えが入るのをわかっていたからだ。

一度、これはどういうことなのか？　説明して欲しいと言われたことがある。僕は簡単に経緯と現状を説明して、「基本的に僕は大したことじゃないと思っているので、書類なども放置している。会社の一つや二つはいつでも再生できる。家も同様、いくらでも買いなおせる。細かいことは話をしてもしょうがないので、ゆったりと構えてくれていれば良いよ」と言った。普通なら友人から「あの人やばいからやめといたほうが良いよ」と言われて、去っていくパターンなのだが、彼女はそんなに気にしていないようだった。度胸がすわっているのか、楽観的なのか、よくわからないが、彼女はけっこうなトラブルを抱えていた僕を選んでくれたのだ。上場企業のサラリーマンと比べれば、極めてリスキーな選択だったはずだ。もちろんこれからの人間関係など神様しかわからないのだが、結果的にリスクを取った彼女に対して、応分のリターンを、僕のプライドをかけて返そうと思っている。ハイリスクはハイリターンであるべきなのだ。

会社を失う前に、きっちりと金銭関係をキレイにしていたのもよかったのだろう。虫歯でも早期発見、早期治療が大切だが、会社の方向も早めに見極め、対処すれば、トラブルがあったとしても、長引いたりすることは少ないかもしれない。

よく、さんざいろんな人間の面倒を見たのに、自分が下り坂になるとみんな離れて行く、などとこぼす経営者がいる。でも、たぶんそれって、本人が普段からやたらと尊大でエラぶっていたり、「オレはお前を救ってやった」と恩着せがましかったり、その人自身に問題があったからだと思う。

カネを貸す時もエラぶりもせず、借りる時も卑屈にもならない、これが僕の信条だ。お金は大切ではあるが、卑屈に追いかけない。お金がある時も無い時も、いつも同じように振る舞う。

グチッぽくなったり、ビンボー臭くなったりしたら、てきめんにその雰囲気は相手や周りに伝わる。ビジネスがうまく行っていようがいまいが、お金があろうがなかろうか、そんなことなど関係なく、悠々とふるまっているのが格好良いと思っている。僕はいつでもこれからのことしか考えていない。過去を振り返ってくよくよしても、過去は変えられない。がこれからの一日一日を大切にして、努力をしていけば未来は変えられる。変えられない過去は振り返らない。これから変えられる「これから」に集中する。固執する。とてもシンプルなルールだ。たまたま事業でつまずいたって、どうせカネがなくなるだけで、命まで奪われるわけじゃない。堂々としていれば、誰か飯くらいはおごってくれるだろう。今の日本では食べることに困るなんてことはあり得ないと決めてかかっている。

笑顔で、「ま、何とかなるでしょ」とか言ってれば、本当に何とかなる。

カッコつけなかったのも、よかった。正直に、「今、困ってる」と相手に話せば、向うだってアドバイスもしてくれるし、手もさしのべてくれる。

本当は困ってるのに、ヘンなプライドもって、厳しい現実と向き合わずに、「オレは大丈夫」って虚勢張ってる人が少なくないように感じるが、僕はいつもオープンにやってきた。「相談に乗ってください。アドバイスください」と言って、断られたことはほとんど記憶に無い。

あと重要なのは、イケテル輩と付き合うことだ。

類は友を呼ぶと言う。つまりうまくやって行きたかったら、うまくやっている輩と付き合うことだ。世の中景気悪いよね？　と言いながら景気の悪い輩とつるむのは最悪だと思う。現状がどうであれ、自分が目指す方向のその先にいるようなイケテル輩と付き合うべきだ。

「キレイじゃない店」を作る

前の会社では出店に際しても、それなりに費用をかけていた。もちろんそれなりのブランドと比べれば、とても安い費用でしのいでいたのだろうが、それなりにデザイン会社などを入れてカッコいい場所を作っていた。デザイン、企画のスタッフを何人も雇い、オリジナルデザインのブランド展開もしていた。がその会社は無くなってしまったのだ。

再起の第一歩として、２００９年に出したのが『sevens』だった。最初が原宿と下北沢の２店舗。古着や雑貨をなんでも７００円で売るのがコンセプト。

僕はまず、「キレイじゃない店」を作ろうと心掛けた。

原宿あたりだと、どこもカッコいい店ばっかりでしょ？　一生懸命、カッコよく、キレイに見せようと競い合ってる。カッコよさで競って、勝つのはとてもたいへんだ。カッコいい場所で、カッコいい内装で、カッコいい店員で、やろうと思っているところはあまりに多い。なので、うちは逆転の発想で攻めた。場所はカッコいいのだが、なんだか手作り風の、ある意味ボロ臭い内装で、カッコいい店員というよりは、人柄重視で（笑）。

もともとゴミ置き場からモノを拾ってきてスタートした人間なんだから、所詮は三枚目。その三枚目が二枚目ぶったってうまくいくはずがない。三枚目路線に徹したところで勝負をかける。世の中、もちろん二枚目はモテるのだろうが、二枚目だけがモテるわけではない。三枚目は三枚目に徹して、おもしろいことをやればモテるのだ。

カッコつけた店が並ぶ通りで、何やりたいんだかよくわからない店を作ろうとしたのだ。

もともとはデザイン事務所があったところを安く借りて、改装は最低限で、へたうま風に徹した。天井は事務所仕様で、汚かったので、そのままぶち抜いて、配線もそのままにした。汚い壁紙もそのままにして、そこにはラックを置いたり、ポスターを貼ったりした。

ベランダからはゴリラやカエル、スパイダーマンのぬいぐるみを吊るしたりした。客数が少ない時はカエルの着ぐるみを着て、お客さんの注意を引いた。夏の着ぐるみは拷問でもあるので、たいへんな仕事でもあった。都心の一等地でこんなふざけたノリでやっていたのはうちぐらいだったと思う。

こんなこと、大手は決してやらない。そこにチャンスがある。というか、そこにしかチャンスはないのかもしれないと考えている。

だから内装にもおカネはほとんどかからない。というかかけない。自分たちでできるところはやっちゃう。

だって壁紙の角がちょっとずれていても、ほとんどの人はわからない。出店コストをかけないから出店も退店も気軽にできる。大手が1千万円かけるところを、うちは什器も廃品を集めて50万円でやっちゃう。

それから店舗をどんどん出していった。多い時は月5～6店開けていた。内装に金をかけないから、出店へのハードルは低い。「お金は無いから保証金は払えないよ」とファッションビル側には言っていたのだが、それでもたくさんの出店依頼が来たんだ。

昔から什器でもなんでももらうので、出店の際の什器もほとんどもらい物でしのい前のテナントがまだ残っていて、これから閉店するような際には出来るだけ、いらないものを残してもらって、それをちょっと手直ししたり、そのまま使ったりした。残してもらった什器を使っても、商品や配置やスタッフが変われば、店全体の雰囲気はがらっと変わるものだ。

たぶん3〜4年のうちに60店舗以上は出店、閉店してる。出店するもの早いが、やめるのも早い。店によっては、最初から2〜3カ月限定で開くところもある。

もし内装費用をかけていたら、2〜3カ月じゃとても採算はとれないけど、ウチは大丈夫。ほとんどかけないから（笑）。

つまり開けたり閉めたりを繰り返しつつ、ここ数年は20店舗くらいで、ほぼ安定している。ショッピングセンターの店舗の入れ替え時期にあたる1〜2月、8〜9月あたりが最も変動が激しい。店の内容も、場所や近隣の店舗の状況を見て、臨機応変に変える。

社員とコミュニケーションを取れる会社

Ｍ＆Ａの後に会社を取られて、方針が変わったところもある。

前の会社には多い時でスタッフは１５０人くらいいて、一時期は僕も会社が肥大化していくことに快感を感じていた部分もあった。

でも、あれ以来、もう売り上げを増やして、もっと大きく、という考えを第一にするのを止めようと思うようになった。

だから地方からの出店要請も、あらかた断っている。売り上げじゃなく、利益を重視するのが今の姿勢だ。あまり無理をしないで、コミュニケーションをしっかりととれる規模を大切にしている。

100億の年商があっても赤字じゃ意味はない。重要なのは規模ではなく、成果、結果だ。

お陰さまで、M&Aのトラブルの後に僕についてきてくれたスタッフは15人くらいだったが、みんな僕の持っている感覚を共有できる人材だった。

事務所だって、椅子もテーブルも人からのもらい物。壁紙はがれていてもそのままだし、あんまりキタナければ、カレンダーやポスターや日程表を貼った。そういう会社だっていうのをわかった上で、ついてきてくれた。

人材の話でいうと、新会社を始めてすぐ、片道切符で、昔からいた社員を一人、中国に送り込んだのも、「再起」のためにはとても役立った。

どうしても、安く、数多くの雑貨などを仕入れるために、中国市場は無視できない。

それで、ウチみたいなところは、社員を出張で中国に行かせて、めぼしい品物を仕入れさせるケースがとても多い。

だったら、行ったり来たりより、あっちに常駐させちゃえ、と考えた。ちょうど、前の会社で高円寺店の店長の社内ブログが面白かったので、声をかけた。おもしろいブログを書くようなおもしろい若者の時間が高円寺のちいさな店の中だけで過ぎていくのが、なんだかもったいないと思ったからだ。

自分たちの店を軽く見るわけではないけれども、うちの店の店長だけやっていても、これからの人生が開けることはないと思う。騙されたと思って、中国に行ってみないか？　と聞いた。

何が正解なのかはゆっくり考えてもわからないから、一晩考えて、返事を欲しいと、今から考えると無茶なオファーを一人っ子で、今まで一度も海外に行ったことのない彼に出した。

翌日、ブログのおもしろい彼は、行きます！　と言ってくれた。初の海外出張は一緒に行った。

が日本に帰国したのは僕だけで、彼にはそのまま帰りのチケットを捨ててもらった。初めは友人の会社の寮にただで泊めてもらっていた。パソコンやファックスなどもあり、最低限の連絡は取れたので助かった。本当に騙されたように中国に置き去りにされた彼は現在も元気に中国に残っている。もう6年が経とうとしている。

第四章　起業するには、人生をナメてるくらいの方がいい！

誰だって、自分なりの仕事を見つけて、それを続けて行く間に、人それぞれの「気付き」があるだろう。

やっていく上での流儀というか、スタイルも生まれてくるだろう。

僕も「起業家」としていくつもの経験をする中で、守らなくちゃいけないと感じたこと、やっちゃいけないと思ったことなど、独自のルールらしきものをずっと作ってきた。

「経営哲学」と呼ぶほど大げさなものではない。「起業を成功させるための○箇条」みたいに、声高に主張する気もない。

僕にあてはまるからといって、別の人にもそうだとは限らないし。ただ、これから何かビジネスを始めたい、と考えている人の参考になるところもあるかもしれないので、つらつらと書いていくことにした。

「人生なんて一瞬。大したことではない」

唐突だが、いきなり「起業」とは何の関係もない話から始める。でも僕が何の経験もないところから、根拠などなく、自信を持って事業をやり続けて来れた理由の根本にかかわる問題でもある。僕にとってはとても重要な話。

20歳の時、幼稚園から、小学校、中学校と一緒だった親友が死んだ。バイク事故だった。流れの速い国道で帰宅中にとつぜん車にはねられた。昨日まで健康ではつらつとしていた友人が一瞬の事故によって、この世から突然いなくなってしまった。

これは人生の中で受けた、最初にして最大の衝撃だった。歳をとって、平均寿命の前後で亡くなるのではない。これから成人式を迎え、人生がさらに盛り上がっていく直前での出来事を、僕の頭はどうしても理解しようとはしなかった。良い友人であり、両親にとって良い息子であり、善良な、将来ある若者の命が突然、奪われるなどということを、当時の僕はまったく予想していなかった。「神様それはどう考えてもおかしいだろ！」と理解できなかった。葬式の時には感情が抑えられなかった。

友人の死以降、人間はなぜ死ぬのか？　生きるということはどういうことなのか？　を考え続けた。

宗教書や哲学書、天文学の本までいろいろと読んでみた。いろいろな場所で話しを聞いてみた。人間はちょっとしたことで、あっという間にいなくなってしまうちっぽけな存在であることに気付くまで、けっこうな年数が必要だった。

生きることの原点がインドにはある、と先輩や父親に言われてインドに2か月ほど滞在したこともある。ベナレス（バラナシ）のガンジス川のほとりの火葬場で死体が焼かれているのを一週間見続けてみた。

毎日、川のほとりに出かけ、ぼーっとしながら、ただ火葬場をみるのだ。火葬場と言うにはあまりに何もないところに、簡素な担架のようなものに乗せた死体が運ばれてくる。薄い布一枚だけをかけられた痩せた死体は、火にかけられる。まず布が燃え、次第に体が燃えて、最後は骨、灰になる。

その灰は聖なるガンジス川に流されて。またどこかにたどり着き、プランクトンか何かに食べられて。またそのプランクトンは大きな魚に食べられて、連鎖していく。すべてのものは姿を変えては行くが、なくなりはしない。そんなことを理屈でなく感じることができた旅だった。

死とは決して「終わり」ではなく、「変化」なんだ。友人はいなくなったのではなくて、姿を変えたのだ。と自然に思えるようになっていった。

今いる自分という存在はいったいどんなものなのか？　放っておくと人間は、まるで自分が世界の、あるいは宇宙の中心にいると錯覚してしまう。

しかし人間の一生など宇宙の歴史から考えたら、ほんの一瞬に過ぎない。クリストファー・ロイドの『137億年の物語』なんかを読むと改めて考える。宇宙が始まってから今日までの全歴史が約500ページの本に凝縮されているのだ。人間の生きている80年や100年など137億年の歴史からすると一瞬に過ぎない。500ページ＝137億年と比べると、人の一生は1文字にも満たない。自身の生死も、まさしく一瞬。

飲んだ帰りに、夜空の星を見る。都心でも見える星と自分との距離が、たとえば40万光年だったりする。1秒で地球を7回半回る光の速さで測っても、40万年かかる。想像もつかない。

そんな想像もつかない広大な世界の中で、次々に万物は姿かたちを変えて在り続ける。僕はキリスト教は信じてないし、仏教には近いものは感じているが、信者ではない。ただすべてのものが無くなることはない。今いる自分も、所詮は一瞬だ、という感覚ははっきりとある。

そうなってから、親友の死も受け入れられるようになった。たぶん、彼の魂は今も生きてるだろうし、無限の宇宙の中で、また形を変えて巡り合うだろうと思っている。生きていても、実際に会ったり、話をしたりする人は限られている。友人であることは生死と関係ないという考えもある。

僕は仕事で車にのって移動することが比較的多い。今でも事故のあった国道の交差点を通るときには、息を止めて、ラジオを止めて、友人に話かける。気を送る。毎週のように会う友人であり続けているとも言える。

広大な宇宙の中で、自分の人生なんて、「大したもんじゃない」一瞬のことだとしたら、そんなに力んで生きなくてもいいんじゃないか。

よく、彼女に振られて、相手を刺したり、借金苦や受験失敗で自殺したりする人がいる。そこまで自分の人生について思い詰める必要はないだろう、と僕は本気で思う。

ジタバタしたって、みんな一瞬なのだ。宇宙の中では、何ほどのもんでもない。

この感覚は、その後、僕が生きて行く中で、ほぼ基本となっている。やれる限りは自分なりにベストは尽くす。でも、うまくいかなかったからといって、無闇と落ち込んだりはしない。会社を乗っ取られた時も、別に動揺もしなかった。会社なんて潰そうが取られようが、宇宙の中では、どうってことない出来事。やりたければ、また作り直せばいい、と気楽な気持ちでいた。

だから、他人からは「苦境」に陥っているように見える時でも、じたばたしないで構えられているのだ。

「会社は潰してもいい。人は守る」

よく、会社が潰れてしまうと社員を犠牲にしてしまうから、何とかして会社を存続させようと必死になったあげく、会社も潰し、社員も不幸にし、自ら命を絶つような経営者がいたりする。

本人には気の毒だが、この考えはおかしいと思う。

会社って、そこまで重要なものなのか？

所詮は人の集合体に過ぎないのではないか。「会社の存続＝社員の幸せ」などと短絡にとらえるのは、とても社員一人一人の存在を軽視した短絡な見方なのではないか。

僕も、例の会社乗っ取られ事件の時に、そういう局面に立たされた経験がある。

ただ、別に慌てふためいたりもしなかった。自分が作り、育てた会社だから、愛着がなかったわけではない。しかし遠からず株を売ったオーナーによって自分は解任され、会社自体の経営も立ちいかなくなるであろうことも見えていた。

それで僕としては、どうやって会社をキレイに溶かすかに意識を集中した。

重要なのは「負け方」だ。会社が思うようにならなくなった時。そこで、今まで自分たちがやってきたものがすべてダメだった、と自己否定して自暴自棄になるのもいけない。かといって、負けるとわかっているものを、無理やり勝ちにひっくり返そうとするのも無理がある。そうは世の中は甘くない。

まず実行したのは、会社は犠牲にしてもいいが、社員の給料は確保しよう、ということ。そのためには、たとえカッコ悪くても、周囲の、信頼の出来る人たちには、「ウチの会社、ダメになってる」とまず伝えるしかない。

トラブルをオープンに言うことで、まわりもアドバイスや手助けをしてくれるし、次のステップに踏み出す準備も出来る。負けたことに正面から向き合えば、そうなった要因も分って、次に同じ失敗しないでもすむ。

がんの治療ではないが、早期発見、早期治療がとても大切なのだ。迷惑かけそうな取引先には前もって支払いはしていったし、社員については、給料を払った上で、それぞれと、今後の進む道については話しあった。

もし会社がなくなっても、僕に付いてきてくれる人もいれば、そうではない人もいた。別の職場に移りたい人間についても、本人が望めば、極力、紹介出来るところには当たっていった。

つまり大事なのは、人と人との信頼関係であって、会社は、人々が活動するための、単なる「方便」なのだ。

お陰で、結局、会社は想像通り破綻したが、僕は信頼関係を維持したまま、次の会社に向けて順調な再出発ができた。ひょっとして、社長解任の直前、冷静に立ち回ったために、周囲の評価が上がったんじゃないかと思うくらい。

トラブル以降もずっと経営者として、ビジネスをし続けて来れたし、信頼の置ける友人関係もずっと変わらないままだ。一度大きな失敗も味わい、うまい会社の潰し方も分っているので、この次があっても、ちっとも怖くはない。「失敗は成功の元」くらいに気軽に考えている。

「使えない物はないし、使えない人もいない」

ゴミ置き場にあったものを拾って、売って稼いでいたくらいだから、僕にとって、世の中に使えないものなんてない、とずっと思ってる。ある人にとってはまったく無価値のガラクタだって、別の人にとっては、二つとない宝物かもしれない。

人間だって、変わらない。「こいつは使えない」とあっさり拒絶するのは簡単だ。現にそうやって大企業あたりでは、使える人間とそうでない人間を選別して、新入社員を取っていくのかもしれない。

そうなると、必然的に僕らのような中小企業には「使えない人間」が多く来るわけだし、彼らとどう組んでいくかが課題になってくる。

でも、ホントにそんな選別は絶対的なものなの？

そもそも大手が考える人材の基準に柔軟性がないのだと僕は思っている。同じ人間だって、見方によって、その人の価値は変わって来るわけでしょ。こっちは大手が欲しい基準と同じ採用のやり方でやったって、欲しい人材は集まらない。

たとえば漢字が書けない。ちゃんと挨拶も出来ない。一般常識もない、新聞も本も読まない。そんな若者は大手だったらまず入れない。でもファッションビジネスを原宿でやろうとしたら、対象となるターゲットは、本などあまり読まないファッション好きの若者だったりするわけだ。

常識があることが悪いとは言えないが、常識よりも、かわいいもの、カッコいいものに執着できる感性があるかどうかの方が重要だったりもする。

ウチのスタッフにもいろいろいる。タトゥー入れてるのや、高校中退や、ぜんぜん漢字読めないのや。

今、幹部になってる人間の中には、昔、大幅に遅刻してきても、悠々と歩いてきて、「遅れちゃった」とケロッとしてたのがいる。普通、日本の会社では、遅刻したら、せめてちょっと前からでもハァハァ言いつつ駆けてきて、「すいません」と謝るのが常識でしょ。そういうのが、まったくなかった。

世の中というか仕事をナメてる。でもナメた人間にナメるなと言っても変わらない。だからこう言った。

「ナメた態度は面白い。でも普通の会社であればとうぜん問題になる。でも、結局、キミはどうしたいの？

もし社会の底辺のままで生きて行くならそれでもいい。でもそれなりに勝ち抜いて行きたいなら、徹底的に世の中ナメ切って、世間と対峙できるぐらいの能力を持たなきゃダメだよ」

「遅れたら走れ！」なんて、強制をする気は一切ない。頭ごなしに価値観の押しつけをするのもされるのも大嫌い。

僕の場合も、大学出て、すぐに入った出版社を3週間で辞めちゃった。どうしても我慢できなかったのが、先輩にあたる人間が、「お前はオレに逆らうな」って態度で接して来たこと。先輩が偉いのは、先輩なりの能力や経験があった時の場合に限る。先輩だから能力が高いと思うのは、理想に過ぎないと今でも思っている。くだらない先輩はたくさんいるし、尊敬できる新人もたくさんいるはずだ。もっと理解のある、参考になりそうな先輩が居たら、僕ももう少し長く会社にいて、ちょっとは活躍できたかもしれないのに。

僕自身がそういう態度でやってきたおかげ？　で今、ウチには他人に強制されるのが苦手なスタッフばかりが残る。ばかりというのも大げさかもしれないが、会社の中心を回しているのはアウトローばかりだ（苦笑）。

そういう規格外？　の中に宝の原石が眠っていると思っているから、タトゥーがあろうが、常識がなかろうが、髪の毛の色が7色だろうが、気が良さそうであれば、入社してもらう。

結局のところ、相手のどの面とつながっていくか、が重要なのだろう。大手企業は、ちゃんとした規律と社会性を持ち、与えられた仕事をきっちりとこなせる能力を持った人間を求めているのだろうが、僕らが大企業と同じ方針を立てたところで、同じ土俵では勝ち目はない。中小企業、ベンチャー企業には大企業とは違う人材戦略が必要だと思う。極端な言い方をすれば、「落ちこぼれ」でゴミ置き場にいても、僕らにとっては宝に変身もしてくれることはよくある話だ。

誰だって、うまく適応できる環境を見つけられれば、「使える人間」になれる。

今、フリーターやニートや、その環境を見つけられずに困っている若者も多いけど、雇う側も、あまりに昔ながらの価値観に縛られて、「使えない人間」のリサイクルを怠っているんじゃないかな。

「資格を取る人、熱心にメモを取る人は起業家には向かない」

起業セミナーなんかで、講師の話を熱心にメモとってる人とかって、よくいるでしょ。ああいう人って、たぶんあんまり起業家には向かないだろうな、と感じる。

僕自身もそういうのは苦手だったのもあるけど、まわり見回して、ベンチャーやって生き残っているような人たち見ると、そういう人は少ないように思える。

もちろん大切な要点くらいはメモ書きするとしても、克明に、たとえ重要じゃないようなところまでいちいちメモするような人はまず見かけない。体質的に違うタイプの人たちなんじゃないかと思う。

世の中には、大事なポイントだけ押さえて、細かいところは他人に指示を出してやってもらう側と、その指示を受けて実行する側と二通りある。

たぶんその前者が経営者になり、後者がサラリーマンになるわけだ。

会社だって、ある程度の規模になれば、経営者は大ワクの方針を決めて、細部は部下に任せる。それで組織はうまく回っているのだから、互いに自分の特徴をうまく出してやっていけばいい。

ところが、本来、一生懸命にメモを取る側の人が、ついヤマっ気を出して、「自分もベンチャーやってみよう」ともくろむと、だいたいうまくいかない。

将来に備えて、資格をとるような人も、正直、起業家向けとはいえない。

だいたいベンチャー起こしてうまくやっていくような人間は、自分が資格取るより、資格持ってる人間を雇う。

それに、たとえば公認会計士の資格を持ってるからといって、カネの流れには詳しくても、別に経営者としてのスキルが得られるわけじゃないでしょ。どうやって資金繰りをするかなんて、試験には出て来ない。

僕も不動産売買にずっと関わってきたけど、宅建持ってる人より、どこで不動産を売ったり買ったりすればいいかのポイントは、ずっとよくわかってるつもりだ。

資格の点では、難関を突破したはずの弁護士に対しても、僕はあまりいい感情を持っていない。実は少し前に、ある不動産物件絡みの裁判を起こしたのだが、それもあまりに相手方の代理人になった弁護士がムカついたからだ。

なぜかその弁護士、無意味にやたらとエラそうなのだ。本来、こちらの心を開かせて、話も聞いた上で合意点を探るのが仕事のはずなのに、いきなり上から目線で、「法律の専門家である自分がこう決めたのだから、この通りにしろ」と押しつけてきた。

昔は稼げる職業だったのに、最近は弁護士過剰で稼げなくなったんで、その分、余計に虚勢をはりたかったのか。やたらと「オレはエラいんだ」とムキになる。だったら、やってやろうじゃないか、とこちらも和解は蹴って裁判にした。

いささか話がズレてしまった。とにかく起業家になるのにも、向き不向きがある、と言いたかったのだ。

「完全なんて求めても仕方ない」

自分の思った通りを100%やろうとしたら、自分一人でやるしかない。会社を作って、社員たちと一緒に何かをやろうとしたら、自分の思い通りにならないことを許容するしかない。完璧主義で経営なんて出来るはずはない。

そもそも自分と同じように、起業する精神構造の人は、自分で勝手にやってるし、自分のやり方がすべて正しいなんて限らない。

会社は、いわば「公器」。すべて細かい方針を経営者が立てて、強引に社員たちをその鋳型にはめ込むなんて出来るわけがない。たくさんの人が集まれば、どこかいい加減だったり不完全だったりするのが当然じゃないか。その不完全さを受け入れて、緊張ばかりではない、「遊び」の部分を残す余裕がないと、組織はスムーズに動いて行かない。

社会や人間もそうでしょ。アメリカなんか、無理やり自分の正義を全世界に押しつけようとして、バカな戦争を起こし続けている。いくら科学が進歩しようが、自分の持っている価値観を他人に押し付けようとして愚かな戦争が起きる構図は変わらない。

どうしようもないよね。アメリカは自分の主張を１００％通そうとする。でもイスラムに行けばイスラム側の、まったく違った正義がある。二つの譲らない正義がぶつかったら、話し合って、調整すれば良いのに、それが出来ない。人間というのはつくづく愚かな生物なのだと思う。

そういえば昔、学生時代に世界一周のピースボートに乗っていた時、ちょうど湾岸戦争が起きていた。アメリカの属国である日本の報道と、アメリカ以外の海外の報道とのあまりのギャップにびっくりした。

日本は、「アメリカの正義」に従わされている属国であって、日本人が勝手に幻想を持っているほどの民主国家じゃない。

アメリカだけじゃなくて、旧ソ連だって、中国だって、イスラムだって、自分の正義を完璧に達成させようとすればするほど、他者に対して不寛容になり、攻撃的になっていく。

世界情勢に比べれば会社経営なんて規模は小さいかもしれないが、たぶん、基本原理は変わらない。自分にとっての理想を他者に強制的に求めたら、必ず破綻が起きる。自分にとっての常識は、他者にとっての非常識である可能性があることを世界はそろそろ許容すべきだ。

社員を選ぶのでも、こちらの要求を受け入れて、ほぼ１００％完璧にこなしてくれる人間がいい社員かというと、どうもそうとも限らない。いずれ自分が起業するための下地作りに動いているかもしれないし、同業他社へのスカウトを狙っているのかもしれない。

長い目で見ると、不完全で不器用でも、こちらの要求を出来るだけ達成しようとコツコツやる人間の方が、ずっと頼りになることもある。

「来た球を打つだけ」

前にも書いてきたのだが、僕はあまり前もって、３年後はこうしよう、５年後はこうなってる、みたいプランニングは立てない。

その場その場で、ごくユルく、いい加減に「来た球を打つ」のが基本スタンス。それもど真ん中のボールばかりじゃなく、高い球だって打てそうだな、と思ったら飛び上がって打っていく。そこは柔軟に行く。

アパレルでも、これから展開しようとしているビジネスでも、3年前から少しずつ準備して始めたわけじゃない。「あ、いけそうだな」とまず直感があって、それですぐに動き出す。

そこには「ビジネスにしたい」「儲けたい」という気持ちよりも「面白そうだな」の方が先に来る。だいたいビジネスなんて、一生懸命捜して見つかるっていうより、そんなの考えてないところから始まったりするでしょ。

これは男女関係のモテるモテないにも通じる話かもしれない。クソまじめに「あなたが好きです。どうか結婚を前提に付き合ってください」って言っても、なかなかうまくいかない。もっとユルく、互いのいい部分が見えて、それで付き合えればいいじゃない、くらいでやっていった方が相手も乗って来てくれる。

世の中はAかBかの二者択一じゃないわけで、損得だけを基準に何でもやっていったら、こんなに味気ないものはない。

気の合う人と出会って、その人と何かやりたいとする。だったらまずは、損得は関係なくやっていったらいい。得だけ求めて、ジッと打てそうな球を待って、何球も来た球見逃していって、いったいどこが楽しいの？　とにかく打ちにいってみようと動き出すほうが、かっこ良い気がする。

人間関係の豊かさっていうか、自分が苦境に落ちた時に救ってくれるようなつながりは、この損得を抜きにした行動によって生まれる。神様もたぶん見てるな。「あいつはなかなか面白いやっちゃ」と。

最近も、原宿でカフェを開いてみた。準備不足と言えば、まさに準備不足。また懲りずになにをやっているの？　と常識人は思うだろう。でも懲りないことが時にすてきなのだと僕は思う。やりたいという友人がいて、やりたいというスタッフがいた。そりゃ損はしたくないが、ビジネスとして成り立つかどうかはわからない。でも「JUST DO IT」、そんなに心配はしてない。

仮に失敗したとしても、その経験は今後の大成功へのエンジンとなるかも知れない。

「ムダ金は使い、リスクはとる」

以前、ニコニコ動画の川上さんがテレビのインタビューに答えた時の言葉に、激しく共感した覚えがある。

「わけわからないことをやる。みんなが共感した時点で、もう勝ち目はない」

非常によくわかる。僕ら中小企業は資金的にも、人材的にも、大企業に劣ることが多い。だから10人中10人がチャンスだと気づいていることをやっても成功はない。そういうところは、資金力のある大手企業がやるべきなのだ。資本も人的パワーも小さい僕らは、守りに入ったら、もう終わりだから。

会社って、10年生き残る確率が7％。20年だと1％ともいわれている。そんな中で小資本がやっていくためには、大手ではやらない分野に、ある程度のリスクをとりながら入っていくしかないでしょ。

見切り発車もし、ムダ金もつかわなくちゃ。今時、ローリスク、ハイリターンなんて、そんなうまい話はどこにも転がってない。ハイリスクでなければリターンも大きくはならない。ローリスクは所詮はローリターン。

僕の人生最大の失敗といっていい、M＆Aの末に会社を乗っとられた件だって、冷静に振り返れば、すべては自分が守りに入ろうとしたところから始まってる。リスクをとるのに少し疲れて、もういいや、と安定の魅力に負けて立ち止まっちゃった。そこが根本的にダメだった。僕らはめげずに、大手がやらないリスクをとって、初めて存在意義が生まれる。

でも、お陰で、気付かされたことはとてもたくさんあった。そういう時に、どんな人が頼りになるのか。誰が離れて行くか。どこまでリスクをとっていったらいいかなど。話も通じないようなわけのわからない連中とどうやって接していったらいいのか、もたっぷり学ばされた。

ずっと順調にやっていたら、たぶん気付かないまま通り過ぎることだらけだった。失敗したからこそ見えてくる。世の中うまくしたもんで、成功だけしている人間が見えている光景なんて、全体のほんの一部だ。失敗したらした分だけ、強くなれる。

要所要所で適度な失敗を繰り返しながらやっていった方が、会社の経営なんてうまくいくんじゃないか、とさえ僕は思っている。
だからリスクをとるのを恐れてはいけないんだ。

「迷ったら、突っ走る」

そのリスクの取り方でも、成功の確率が2割くらいしかないのなら、だいたいムリして勝負したりはしない。一番難しいのは5分5分くらいのところだ。

迷う。だが迷った時は、勝負すると僕は決めている。

10年ほど前だったろうか、原宿ラフォーレの別館で、100坪の広さを使ってカフェ、ギャラリー、インテリアショップを一つに凝縮した店を開いてみた。
「これから僕らが原宿を変えます」

なんて、大風呂敷広げてね。結果として月に500万円の赤字で、1年やってみたら赤字の総額が5千万円超えてしまった。結局、古着屋に模様替えして赤字はほぼストップしたものの、事業としては明らかな失敗だった。

オープニングパーティーは盛り上がった。何百人も人が集まったし、有名人が来たりして。ラフォーレの持ち主である森ビルの幹部も何人も来てくれた。

そしたら、翌朝一番にには、開店する際にとてもお世話になったラフォーレの幹部から電話がかかってきた。

「今から10分で来い！」

っていうんで、慌てて行ってみたら、いきなり「ナメてんのか！」とむちゃくちゃ怒ってる。せっかく数多くの招待客に来ていただいたのに、みんなを楽しませる配慮がなかった、って腹を立てていたんだな。確かに、こっちもデカいパーティーがやれたことに舞い上がっていて、全体を細かくチェックしたり、招待客に配慮することを怠ってた。お客様をもてなすことよりも、自分たちが楽しんで、盛り上がってしまったのだ。

それで、いざスタートしてみたら、オペレーション、従業員、コンセプト、すべてが欠陥だらけだった。素早く出さなくてはいけないランチでさえ、遅くて、お客さんを待たせてしまっていた。お客さんが来てもなかなか気付かない従業員もいたし。とてもプロの仕事とは言えなかった。

経費管理だってズサンで、使わないような皿がいっぱいあったり、やたらとゴミ箱が多かったり。みんな、自分のカネじゃないと思うと、余計なものバンバン買っちゃう。

そのうち、店がうまくいかなくなると、まずやめるのが、いかにも口がうまくて要領のよさそうなヤツ。学歴があって、横文字も得意で、調子のよさそうな人間で、「一

緒に原宿を変えたい」なんて言ってたようなのに限って、ちょっと傾くと、真っ先にいなくなる。

ついそういうタイプをたくさん入れてしまったら、どんどん去っていった。

一方で、地味で、要領も悪そうなのに限って、コツコツと続けてくれて、戦力になっていくことが多かった。このことに気づくまでに時間がかかったが、どういう人間を信頼すべきななのかを気付けたのは、とてもとても大きな収穫だったと思う。

実質的なボスともいえるラフォーレの幹部には、赤字続きでずっと罵倒されて、1年後に「もう今の店は諦めて古着屋に変えろ」とも言われたけど､店を閉める時には、「うまくいかなかったが、よくがんばったな」と慰めてくれた。その人が中心になって、新しい店を開く段取りもつけてくれたし、後で六本木ヒルズにインテリアショップを出店した時にもバックアップしてくれたたし、その人には、ずいぶんと世話になった。

たぶん、うまくいかないながらも、その現実に逃げずに立ち向かっていたのを評価してくれてたんだと思う。赤字を出し続け、トラブルだらけの時も、あえて言い訳はしなかった。

要するにカッコいい美辞麗句に酔って、墓穴を掘った結果になったのだが、今改めて考えると、あの店をやってみたのは、まんざらマイナスとも言い切れない気がする。

失敗をする中で、ラフォーレの人たちと仲良くもなれたし、その人間関係から、六本木ヒルズでの開店にもつながった。人間関係を赤字分の5千万円で買ったともいえる。マイナスばかりの「無意味な失敗」なんてないってことだと思う。

「常識外れでないと、会社なんて大きく出来ない」

確率的にいったら、起業家なんて、割のいい生き方とは言えない。成功するより、失敗する可能性の方が高いから。

あんまり物事が見えすぎる人が選ぶ道ではないな。そりゃ、普通に計算していけば、悪い予測結果しか出て来ない。

だからこそ徹頭徹尾自分に都合のいいような「常識はずれ」の人間でなくては、とてもゼロから巨大な会社を生み出すようなマネはできないと思う。

ソフトバンクの孫さんなんて、まだ社員数人の時代から、「ボクは世界征服をする」みたいな大風呂敷を広げていたらしい。一種の誇大妄想狂とも言える。孫さんと同じような能力を持ちながら、消えていった変人は孫さんの何百倍も居ることだろう。

天才とナントカは紙一重、はまさにその通りだ。

確率を超えた思い込みを意味なく信じられ、どれだけ重たいリスクをとっても動揺

しない人間、「オレは選ばれた人間」と言い切れるようなタイプこそが、起業家に向いているのだろう。

ただ、そうやってのし上がった人間を「偉人」として持ちあげ過ぎるのはどうかと思う。

「オレは特別」なんて考えてるようなのって、鼻もちならない。他人を蹴落としても生き抜く根性も半端じゃないだろう。

ソフトバンクがそうだとは言わないが、大きく成長するような会社は、時に善良な市民の犠牲のもとにのし上がっていくものだ。

「正義の代弁者」であるはずのアメリカ大統領ほど、現代で数多くの虐殺を繰り返している人たちはいないわけだし。化学兵器があるっていってイラク侵攻して、それは見つからなかったのに腕づくで制圧したのもそう、今のイスラム国への空爆もそう。

僕も会社を大きくしていきたいという欲はある。しかし会社を出来るだけ大きくして孫さんのようになりたいとは思わない。

過ぎたるは及ばざるがごとし、というのはいろんな場面で言えると思うから。

「大金持ちは、勝ちすぎてごめん、の感覚を持ちたい」

巨万の富を得て、自分の誇らしい成功を滔々と語る人もいるが、どうも僕はそういう人間は苦手だ。さほど大きなスケールではないが、M&Aの一件で、僕を社長解任に追い込んだA氏も、そのタイプだった。

イヤだった。なぜこういう人たちは世の中の一面しか見ないのだろう、とその鈍感さがたまらなかった。

人間社会では、所有できる「富」は限りがある。もし自分がその多くを獲得したとしたら、一方で、どこかに「富」の分配にありつけない、とても貧しいたくさんの人たちがいることを認識すべきだ。

実際の人生でも、ゲームでも、勝ち過ぎた時は「勝ちすぎてごめんね」と言える大人がかっこよい。こんなに儲かるのは自分に力があるからだ、と自己肯定して、迷いがない大人には、もっとデリカシーが必要なのだと思う。

人間は欲を抱えて生きているし、多くの人は「富」を求めて生きている。でも価値観なんて、数えきれないほど雑多で、不安定なものなのだ。「金持ちになるのがエライ」が絶対的なものではない。「ケンカが強いのがエライ」だってあるし、「釣りがうまいのがエライ」だってある。金銭的な価値がほかの価値より優先されるというルールなどどこにもない。

ところがなぜか、今の社会は経済的成功ばかりに目がいってしまって、すべての価値観の中心にいるように見えている部分がある。おかしいでしょ。本来「何が大切か？」は、各々が勝手に、気分のままに決めてもいいはずなのに。

金持ちは貧乏人のために寄付をしなさい、と慈善団体みたいなことを言っているわけじゃない。一つの価値観にとらわれ過ぎるんじゃなくて、もっとものごとを多面的に、自由に、自分勝手に見れたらすてきなんじゃないかな。

僕も欲にまみれてビジネスの世界にいる。より多くの儲けを出すために、日々、アクセクしている。ただ、そういう自分をどこかで醒めた目で見ているべつの自分もいる。

「名刺交換で、列には並びたくない」

10年くらい前だろうか。六本木ヒルズで、起業した人間が200人くらい集まる月1回の勉強会があって、そこにしばらく通っていたことがあった。とても勉強になったし、信頼できる友人もできたのだが、だんだんその場の雰囲気がわずらわしくなって、考えた末にやめた。

まずみんなが集まって、勉強会のあとに競うようにカネつかって飲み食いしているのがバカバカしかった。女のコのいる店行って、一晩に何十万も使って、派手に遊ぶ人たちがたくさんいた。遊ぶのを否定はしないけど、派手に金を使ってモテても、自分の魅力でモテているのか、単にお金が原因でモテているのか、わからないでしょ。それに２００人といたら、特定の人と深く交流するって、なかなかできないでしょ。人とばっかり会って、何十枚も名刺交換しても、いちいち覚えてられないし。後日、名刺を見ても、どこのだれだかわからない。もっと小さい集まりで、気が合いそうな人間２～３人と出会えれば、それで十分。一生の人生の中でも、深く分かり合える友人なんて何十人もできない気がする。

僕のポリシーとずれてたのは、有名講師の人と名刺交換するために長蛇の列が出来ること。

講師もソフトバンクの孫さんやグッドウィルの折口さんのような、テレビでもお馴染みの話題の経営者が来る。すると、講演の後に、出席者がみんな名刺交換に殺到するんだな。国家や権威には刃向うべきというのが僕の理想。出来上がった権威に頭下げて、有名人と握手して喜んだりするのはかっこ悪い。

なぜなんだろ。起業するくらいの人たちなんだから、既成の価値観をひっくり返して、自分達が新しい価値を作るんだ、くらいの気概があって当然なところだ。それが、孫さんなんかが来ると、みんな「スゲー。本人だ！」になっちゃう。有名人に頭下げてる場合じゃないでしょ。

有名な経営者に対しても、ホームレスの人に対しても、同じように自然体で接していきたい。孫さんの家もデカいだろうが、ホームレスの人が住んでる公園だって、たぶんデカい。

勉強会のみんなが権威に弱いの見て、もういいやと思ってしまった。

また、有名人講師の方でも、よっぽど何か過去に強烈なコンプレックスでも抱えてたんだろうな、と思わされるような人をよく見かけた。たとえば、ある講師なんかは、5千万円はするロールスロイスで、傍らにはタレントの卵みたいな女のコを侍らせて、六本木ヒルズの駐車場に入っていくのを見た。

もう、絵にかいたような「成金」。こっちが気恥ずかしくなってくるくらい。

だから僕は六本木ヒルズには汚いママチャリで行くことにしていた。

有名人講師が落ち目にでもなったら、どうせ「やっぱりあいつはダメだった」と言いだすに決まってる。

そういう空気になじみたくなかった。

「ポジティブシンキングで言葉もチョイス」

人はどんな状況の中でも、思いっきりポジティブにもネガティブにもなれる。

僕の場合は、親友の死から始まって、所詮は人の一生なんて広い宇宙の中では一瞬の出来事と感じた時から、いちいちネガティブにウジウジしててもしょうがないな、と割り切れるようになった。

「人生ナメてる」っていうのも、そこにつながる。自分の人生なんて、それほどのものじゃないんだから、いちいち周囲を気にして動くんじゃなくて、気の向くままに、やりたくなったらどんどんやっていけばいい、ってだけのこと。

だから、僕はスーパーポジティブ。まわりから見たら、どんなにカッコ悪くたって、どれだけ無礼なヤツだと怒られたって、気にしない。自己破産した時だって、良く寝て、良く食べて、健康的な生活を心がけていて、「ずいぶん血色良くて、幸せそうだね」と呆れられてた。

一つの物事でも、必ずとらえ方によって、ぜんぜん変わってみえるでしょ。会社で上司にこっぴどく怒られても、ある人は「僕のためを思って言ってくれてるんだ」と感謝する。でも別の人は「やってらんない！」とキレてしまうかもしれない。

だから相手に何かを伝える「言葉」は、とても注意深く使わなきゃいけない。部下が１００点満点で50点の仕事をした時、上司が「50点しか取れない」と伝えるか、「50点も取れた」と伝えるかで、ぜんぜん人間関係は変わってくる。

出来るだけ相手のいい部分を見て、いい言葉を伝えなきゃ。僕は「50点も取れた」というスタンスで伝えられるよういつも意識している。

「幸せ」と思えるかどうかは、結局は、自分が話す一言一言の積み重ねだ。積極的に今の生活の中の嬉しかった面、いい面を言葉に出して他人に伝えるということが大切だ。

会社で考えても、自分一人ですべてをやってるんじゃないんだから。人とどうつながるか、さらに社会とどうつながるか、いつも考えてなくちゃいけない。面と向かった相手に対して、自分が発する言葉が、その人のどことつながるのかも意識せざるを得ない。どんな言い方をしたら、若いスタッフは気持ちよく働いてくれるか、とか。

無理やり言葉の使い方の訓練したからって、どうなるものでもない。まずは目の前の一日を楽しんでやろうって気持ち。そこから始まる。どんなに性格がよくても、ネガティブにものを考える人とは、あまり付き合いたくないでしょ。

たしか昔、キョンキョンがやってたＣＭで、こんなフレーズが使われてた。

「きょう一日を楽しめない人は、明日もあさっても楽しめない」

これ、気に入ってる。

「自分と感覚が近い人は必ずいる」

ゴミ置き場のガラクタで、普通なら何の価値もないようなものでも、それを素晴らしいと感じる人間は必ず何人かいる。現に僕自身、オモチャやら古着やら、ゴミ置き場から拾ったそのガラクタをフリマで売って商売してきた。

よく経験のすくないスタッフにバイヤーをやらせると、「これはカッコいい」「これはダサい」と、世の中の基準にほぼ忠実に選別して、固定的な価値観でものごとを見てしまうケースが少なくない。たぶんそのコは自分の感覚を信じて、自分の感覚が絶対だと思っているのだろう。だがカッコいいという価値観は時代と共に変わっていく。カッコいいという価値観に縛られることがビジネス的にはマイナスになることもある。

あえて「ダサいものを売る」「不便なものでも、それを喜んで買う人がいるかもしれない」という発想も大事だ。つまり柔軟な発想がとても大事だ。

世間がマスな、より商業的なものに流れるのはわかるし、大手企業なら、そこに乗っかるのもいいだろう。しかし僕らはそうじゃない。

100人中99人が不快に感じても、たった1人でも自分と同じ感覚を持っている人がいれば、それは商売になる。いわゆる洗練された、センスのある物たちを集めるのと同じように、マニアックで汚ない物を集めて売るのだって、商売になる。

原点はゴミ置き場だし。

ゴミとなっている古いソファでも、かたいビニールの感じがかわいい、と思う人もいる。穴のあいてるところは布を貼れば、かえって装飾みたいで面白いかもしれない。

大量生産、大量廃棄を世界中で繰り返して行けば、世界はゴミだらけになってしまう。ちょっと発想を変えるだけで、捨てられる運命の物たちが輝きを取り戻すことができるのだ。

バイトや派遣社員で生活が苦しいといったって、現代を物質的に見たら、月10万円で暮らしてるバイトの若者でも、１００年前の大富豪以上の夢のような生活でしょ。空調のある部屋に住んで、テレビも冷蔵庫も電子レンジもあって。それでいて「満たされていない」。

自分の回りにあるモノの数々を見回して、どれだけ愛着のあるモノがあるのか？安いからといって、ただ買って、使い捨てにしてるだけのモノには愛着は生まれないし、満たされることもない。

モノの価値は世の中やマスコミが決めるんじゃなくて、使う自分自身が決めるんだ。

それがわかっている人に向けて、僕は自分の感覚を信じて商売を続けている。

「起業は親に頼らず、ゼロから始める」

自由にやりたい、それが僕の会社をやっていく上でのポリシー。自由にやる、とは最初から最後までのリスクを自分自身で取るということ。親や親せきなどの身内に金銭的な応援をしてもらわないということ。

たとえばプラモデルでも、完成品をプレゼントされてもさほど愛着はわかないでしょ。設計図を見ながら、自分で切ったり削ったりくっつけたり、手間暇かけて作りだした方がかけがえのないものになる。

まわりの起業した人たちを見ていると、その目的は様々だ。そりゃ大金持ちになりたい、人に知られるような有名人になりたい、という場合もある。また、会社の規模を大きくすることや社会貢献を生きがいにしている人もいる。

僕の場合は、手作りのおもちゃ感覚。自分で自由に組み立てていくような楽しさがコタえられないのだ。

僕のとっての起業の面白さはゼロから作るという点に尽きる。

初めて会社を作るときに、僕は両親にも何も相談しなかった。商売を始めたことさえも黙っていた。新卒で就職した会社は3週間で辞めてしまっていたのだが、それも黙っていた。特に相談することもなかったし、心配されることも避けたかったからだ。父親からも、「大学までは面倒を見るが、あとはキミはキミでやってくれ」とストレートに言われていた。「もう、これからは友達だから、寄ってくれたら飯くらいはご馳走するけどね」と。保証人にも一切なってくれなかった。

お陰で、実績のない若者がどれくらい無力というか、信用がないのかはすぐに分かった。会社の事務所ひとつ借りるのも大変だった。初めはお金がなくて、カードローンやサラ金から借りたりもした。ただ、すべてのリスクを自分自身で管理していたので、誰に文句を言われることもない。自由だった。どうしようが、誰にも気兼ねしないで済む。一人の独立した大人として、僕をつき離してくれた親には、感謝している。

人によっては親や親せきがお金や信用を貸してくれて、その後にぐちゃぐちゃに揉めたりしているケースもあるようだ。

それと、つくづく300万円を1億、10億にするより、ゼロから300万円を生み出す方がずっと難しいんだな、と痛感した。信用も人脈もない人間が、いきなり100万円集めようとしたって、サラ金くらいしか貸してくれない。

そんなハードルを乗り越えてきたところから。自分自身のパワーが生まれる。

「人生ナメてる」っていっても、ただ何のバックボーンもなくナメてるわけじゃなくて、ある程度は厳しい世の波に鍛えられながらナメてるのは、わかってほしい。

第五章　僕が答える起業Q＆A

Q　今、起業するとしたら、どんな業種が狙い目ですか？

よく、就活でも、そういう質問が出てきますよね。「どの業種に就職すれば、将来、伸びていきますか？」みたいな。

でも、そういう考え方自体、あまり意味がないんじゃないかな。

伸びていきそうな業種なんて、そもそも時代とともに移り変わっていくでしょう。昔は鉄鋼や電機産業がよかったが、今はＩＴがいい、なんていわれていても、あと3年5年過ぎたら、どう変わってるかもわからない。

そういった世間の風潮に惑わされるとろくなことはありませんよ。

それに、今、注目を集めている業種には必ず有能な人材が集まってくる。斜陽の産業にはあまり能力のある人間は来ない可能性があるから、逆に大いに力を発揮できるチャンスがあるかもしれない。

どんな選び方をしようが、常にメリットとデメリットはある。この業種や企業を選んだら必ずうまくいく、なんて王道もあるはずがない。

僕自身が今やっていることは、事前に計算を重ねて、「この業種をやってみよう」と決めて始めたわけでは、決してない。

外国やゴミ捨て場で、わけのわかんない雑貨やいらなくなって捨てられた古着とかを集めてフリーマーケットで売ったら、それが順調に売れて、成長してしまっただけ。気がついたら、アパレル、雑貨業界のようなところに席をおいているようになってしまった。ほんとにたまたま。今は原宿に居ることが多いけど、学生時代に原宿に行こうなんて思ってみたことはなかった。

当時あった代々木ゼミナールの短期講習に行ったことがあるくらい。原宿の洋服屋や古着屋をまわるなんて経験がない。人生なんてつくづくよくわからない。

でも実際、その業界に身を置いてみたら、なかなか住み心地もよかったのです。IT業界であれば、今っぽい、いかにもデキるビジネスマンがたくさんやってきますよね。その点、物販にはあまり来ない。斜陽かどうかはともかく、優秀な若者たちが殺到する業種ではない。だから競争もさほどひどくない。

私の知り合いで、ホテルなどにタオルやシーツを卸す会社の経営をしている人がいますが、正直、地味で、今風ではまったくない仕事です。ところが、中国あたりで、安価で品質も安定している製品を作っている工場と取引さえできるようになれば、飛躍的に利益率はアップするとか。極端なデザインの変更もいらないし、それほど大きな競合他社もない。

ーIT業界の厳しい闘いの中で生きがいを感じるのか？　タオル業界の中で堅実に生き続けるのか？　これはもう自分自身の人生観の問題です。

だから、業種うんぬんより、まず「自分が出来そうなことをやる」方が大事でしょう。これから介護業界が伸びるからって、きめ細かくお年寄りとかかわらなくてはならない分野に軽々しく入るのもおかしいし。おそらく、僕ならとてもできない。

基本は、世の中の流れに合わせすぎずに、第六感に任せてやりたいことをやる、っていうところでしょうか。

Q　もしも海外へ進出して起業するなら、どの国へ、どんな形で入っていくのが有利ですか？

ウチの会社でも、仕入れは主にアジア各国でやっているし、中国には仕入れ担当の日本人2人を常駐で仕事させてるくらいだから、海外での取引きはいやっていうほどやっています。

しかし、まあ、バングラディッシュとか、ミャンマーとか、これから伸びるって注目されているようなところで何かやろうとしても、それなりの覚悟が必要でしょう。

確かに人件費は安いとしても、本気で取り組もうとしたら、資金力が豊富な大企業が大きなビジネスをやるのには向いていても、小さく起業するなら、どう考えても困難の連続でしょう。

服を作って、日本に持ってきて売ろうとしますね。これがもし中国で作るなら、物流から資材調達からすべて、仕組みが出来上がっています。もはや「世界の工場」といわれているくらいで、すべてスムーズにいく。昔から比べたらコストは高くなっているとしても、その便利さは魅力です。

ところが、一歩、中国から出たら、ジッパーやボタンでさえ、ろくにない。昔、ベトナムで、キレイな段ボールを捜そうとしたら、ぜんぜん見つからなくて困った記憶もあります。

さすがに今はそこまでひどくなくなっているかもしれないけど。また、たとえ見つけても、運ぶ手段がなくて困ったりもする。

ミャンマーあたりでも、韓国人がアグレッシブに工場作ったりしていて、やはり相当苦労しているみたいです。

何もないっちゃ何もない。ただ、確かに未開拓の市場としての魅力はある。全力を注ぎ込む覚悟があるなら、現地に住んで起業するのはありでしょう。

ほんと、日本じゃ想像も出来ないようなトラブルが年がら年中起こりますよ。たとえば商品がちゃんと乾く前に梱包しちゃったり。トラックごと盗まれてしまったり。

そういう点じゃ、中国や韓国でも、日本とはまったく感覚が違いますね。Tシャツでも、プリントミスしてたって平気で発送してしまう。彼らにとっては、その程度はどうってことないわけです。モノが途中でなくなったり、サイズがまったく違うものが送られてくるのも当たり前。

こっちが注意したら、逆に「日本人が細かすぎる」って顔される。欧米でも、日本ほどキチッとしているところはほとんどないんじゃないですかね。中国の市場で売っているものなんて、日本の基準ではほとんど「不良品」です。

だいたいにおいて、日本人は完全に平和ボケです。外国行っても、みんな日本人と同じで約束も時間も守るような人たちだと錯覚している。そんなの、なかなかいませんよ。どこ行ったって、すきあらば、日本人を騙してカネをまきあげてやろう、と目をつけてるような輩がたくさんいますから。

ネットで、ピピッと調べて終わりじゃ、もう「騙してください」と頭下げて回ってるようなものです。動かなきゃいけない。海外で、自ら工場に行ったり、そこの経営者や従業員の顔を見なくては、信用しちゃいけない。億劫がってたら、絶対に駄目です。
しかもかりに、ここなら安心できる、という工場を見つけても、じゃあとオーダーだけして帰るのもまずい。経営者と一緒にしゃべって、ご飯も一緒に食べるくらいは最低やらないといけない。要は人と人との関係の中で、まず楔を打ち込んでおくことです。

でないと、はじめはこちらの狙いとおりのモノを作ってくれても、そのうちどんどん手を抜かれたりしていきます。

くれぐれも油断は禁物。日本みたいな国、日本人みたいな人たちは、世界中に他にいないと割り切った方がいい。アメリカでも、ヨーロッパでも、納期であろうが、品質であろうが、みんな守らない。

以前、アメリカから靴下やインテリア雑貨などを仕入れていましたが、とにかく約束守らない。MADE　IN　USAにこだわってみたのですが、色ごとにサイズの違う靴下が上がってきた。そのいい加減なアメリカ人がまた、「イタリア人は約束守らない」と怒ってるんですから、こりゃどうしようもない。

日本人がクソ真面目すぎるんです。

ただ、となると、かえって日本人のいない地域で、日本人の感覚で仕事を進めていけば、思わぬ需要が生まれるかもしれない。仕事の段取りも日本式にして、品質基準もより厳しくして。日本でOKとされるものさえ作れば、他の国ではまず問題なくOKになるんですから。

「まったく現地の連中は働かない」と嘆くより前に、日本人がもっと外、海外に出ていけば良いのかも知れません。

Q　起業独立する際に必要なものは？

変なプライドを持たないことがとても大事だと思っています。

起業というのはそれなりにリスクが高いわけで、成功するよりも失敗する人のほうが多いわけです。だからうまく行かないときに、どう立ち回るかが重要になります。

ことわざにもありますが、「類は友を呼ぶ」という。つまり、うまくやりたければ、うまくやっている人と付き合ったほうが良い。うまくやりたくない人はいないだろうけれども、うまくやれない人と付き合っていれば、うまく行かないことが多い。

だから、自分がうまくやっていようが、うまく行かない状態であろうが、うまくやっている人と付き合っていったほうが本当は良い。

でもうまくやっていない人たちは、けっこうな確率でうまくやっていない人たちと組んでいることが多い。うまく行っている人はうまく行っている人と付き合っていることが多い。でもうまく行っていない人こそ、本当はうまく行っている人と付き合うべきなのです。でもバカにされるんじゃないか？　などと腰が引けてしまったりして、自分と同じように苦労している人と付き合ってしまったりする。

でもうまく行っていないなら、うまく行っている人のところに出向いて行き、どうやってうまくやっているかを見てみたり、聞いてみたりすれば良い。時にはバカにされたりすることもあるかも知れない。でもバカにされたとしても、成功の秘訣に気付ければそれで十分では？　変なプライドは捨てて、自分よりもかっこいい人を見つけて、ぶつかって行きたいですよね。

Q　サラリーマンをやりながらの「兼業起業」は、できますか？

どうでしょうか。ときどきこんな質問をしてくる人がいますが、そういう人たちに限って、「会社なんてやめたい」と口では言いつつ、まずやめない。

むげに否定するつもりはないとしても、中途半端でしょう。僕らのまわりで起業している人間で、こうした「兼業起業」の人はほぼいません。

安全を確保したいのだったら、無理に起業なんてしなくてもいい。やるんなら、とっととやったほうがいい。

はじめから腰を引いて、及び腰でやる事業なんて、うまくいくとは思えません。そもそも片手間でやって大きな商売が出来るなんて「天才」だけ。能力もさほどの経験もない凡人がビジネスで勝負をかけるなら、全身全霊でやっていくしかないんです。

せいぜい副業感覚でやるとしたら、小遣い稼ぐくらいでしょうかね。ヤフオクで不用品を売るとか。

「兼業起業」を言い出した時点で、その人は起業家に向いてないと感じます。

Q　起業した当座の運転資金が心細かったら、やはり助成金などに頼るべきでしょうか?

ぜひ助成金を活用したいというのであれば、専門家の方にお聞きするなり、調べてください。僕はあまり興味ありませんでした。

「今、あるお金で動き出す」

これがボクの起業のやり方でしたね。

第一章でも書きましたが、まずボクの原点は、ベトナムで盗難にあって、手元に残った300米ドルでした。それでジッポーライターを50個と買って、日本に持って帰って売ったら、高値で売れた。あ、商売って面白いもんだな、と実感したわけです。

もっともっとやりたくなって、最初はカードローン。続いてサラ金。身近に金を得られるところから借りて、アルバイトもしながら、少しずつ資本を増やしていきました。

持ち金が3万から5万、10万と増えていくと同時に、こういう方法ならモノが売れるとか。今のお客はこういう商品をもとめているとか。経験の積み上げもできました。

だから起業したばかりは、必ずしも大きなお金はいらないんじゃないかな。100万円の商売に慣れてない人が1億円の商売に手を出しても、決していい結果にはなりません。倒産する一つの典型的パターンが、小さい積み上げをできない人が、分不相応に手を広げてしまった時です。

自分の自由になるお金でまず始めて、積み上げていくべきでしょう。

もっともたまに、その常識を飛び越える「天才」もいますが。

Q　起業時に人を雇うとしたら、どういう点に注意したらいいでしょう?

他人は自分とは同じではない。自分と同程度の働きを求めるのではなく、うまくやれなくても許容してあげる度量がまず大事でしょう。

僕の場合、ビジネスをスタートさせた際には、友達と、当時付き合っていた彼女を巻き込んで、そこからジワジワと「使えそう」な人を「一緒にやろうよ」「会社をやめてくれよ」と交渉して仲間を増やしていきました。

で、会社を登記した時点でメンバーは数人。主に学生時代の友人でした。いきなり赤の他人が来てはくれません。身近な人を引き入れることしか考えませんでした。

あれから20年以上たった今も、友人などから紹介されて入社してもらうパターンは多いです。特に幹部クラスには、人とのつながりの中から紹介されてきた人が大半です。つまり完全な赤の他人を「採用」するのは、さほど多くはない。

有名な経営学の本にもありますが、その都度、必要な技能や経験者を採用することよりも、うちの会社という大枠＝船に乗船したいという仲間を集めていくことが重要だと考えています。経験が足りなくても、僕らと一緒に何かをやりたいという気持ちを大切にしています。目先の能力より、嘘をつかないとか、裏切らないとかの人間性を見ています。

いつの間にかウチに根付いた社員が、勝手に友人を連れてきて、その友人もウチに根付いてしまったりすることが多いのです。彼女や、前の会社の同僚を連れてくる例もあります。だから、人を採用する時も、「キミのまわりにいい人、いる?」と聞いたりもします。

うるさいことはいわず、僕らのスタンスを受け入れてくれる人なら、とりあえず働いてもらって、互いに信頼感をもてるか、これから見ていこうじゃないか、とユルくやっています。

男女関係でもそうだと思いますが、付き合ってみないと見えないこともあるので、このくらいでいいんじゃないのかな。

起業時は、能力よりも、まず一緒に歩んで行けるだけの信頼感が持てる相手を引き入れていくべきでしょう。

Q　起業の際の人脈作りのために異業種交換会などは積極的に活用すべきでしょうか？

いろいろな人と会えるのは楽しいですすし、プラスにもなるでしょう。ただ、そこで「人脈作り」が出来る、と過信しないほうがいいですね。

僕も、起業家の集まりのような交換会や勉強会によく出ていた時期があります。次から次へと新しい知り合いが出来て、楽しい。そこで出会ったのがキッカケで付き合いが始まった会社もあるし、勉強にもなりました。ただ、楽しさにかまけて、自分の目の前にある商売を突き詰めるのが疎かになった後悔もあります。

相談する相手が増えていくと、つい人に聞いてしまうんですね。問題を抱えていて、本来、自分で考えて結論を出さなきゃいけないことでも、つい他人の意見を聞いてしまい、考えがぶれてしまう。自分以上に自分のことを考えてくれる人なんていない、といった当たり前の原則を忘れてしまう。他人に相談するだけで、妙に問題が解決されたように安心してしまう部分もあります。

もっとも、僕自身の実感としては、起業して最初の数年は、とても交換会や勉強会どころではなかったですね。仕入れも販売もやって、商品を車に積んだり、修理もしたり。社員に指示出すだけじゃ到底動かなくて、自分で朝から晩まで動き回ってました。

ある程度の余裕ができてから勉強会などに顔を出すようになったので、余計に楽しかったし、「自分もようやくこんな余裕が出来た」という満足感もあったのかもしれません。

保険関係のように人脈がそのままビジネスになりうる業種ならば直接的なメリットもあるのかもしれませんが、僕がやってきたのはＢｔｏＣの物販ですから。起業家の人たちと面識がなかったのが知り合いになれて、いいアドバイスをもらえるようになったりはしても、直接、ビジネスに結びつけたりしようとは考えませんでした。

でも、起業家という大きなリスクを取っている友達が増えるというのはとても楽しいですよね。

一生付き合って行きたいという素敵な友人が何人も出来ました。

Q　起業セミナーなどに参加するのは、プラスになりますか？

わからないですね。ボクは起業セミナーに入って勉強したことないし。

情報収集という意味で役に立たなくもないのでしょうが、僕のまわりの起業家で、そういうセミナーに通った人の話はあまり聞きません。

起業って、ちょうどバンジージャンプで最初の飛び出しができるかどうかみたいなところがあって、本当にやる人は体が勝手に動くんです。いくらジャンプ台の高さや、正しい飛び降りフォームを研究していても、飛び出す気合いがなければ、そもそもスタートできない。

その上で、倒れても倒れても起き上がってくるような人が成功する。だからセミナーに行かなくても、やれる人はやる。

反対に、一度倒れたらもう落ち込むようなタイプは、起業には向かないでしょう。起業していながら、やめときゃよかったのにな、と愚痴や弱音をはく人もいます。だれもが起業に向いているわけじゃない。会社に属していればこそ実力を発揮できるタイプもいるんですよ。

Q　起業して事務所を借りたりする際には、どういうところに注意すればいいですか

カッコつける必要はまったくない、ってことですね。

僕もうっかり、ちょっとビジネスが軌道に乗ってカッコつけた事務所を持っていた時期もありました。でも、別に事務所がカネを生んでくれるわけじゃないので、やめました。

起業するっていうと、なぜか見栄を張って、事務所にカッコつけるケースってけっこうあります。もちろんビジネスが軌道に乗って来て、余裕が出てくれば、カッコつけてもいいいと思います。でも初めからカッコつける必要はないのでは？

机なんかミカン箱拾ってきて使ったっていいし、自分の住んでる場所でやれるなら、そこであくせくやってればいい。余裕が出来たり、仕事が多くなってとても処理しきれなくなったら、自然に次のステップを考えればいい。

今の事務所にある机や椅子や棚などはほとんどもらい物です。買ったものはほとんどない。汚い棚や床は、もらって来たペンキでぜんぶ真っ白に塗ってしまいました。でもこの前、遊びに来た有名アーティストは「この雰囲気すてきだね！」と言ってくれました。個人的にはニューヨークのソーホーの雰囲気がする事務所だと思っているのですけどね。

最低限、カネをかけなくてはいけないところはかける。しかし、大手のマネをして、有名デザイナーを呼んで設計をやらせるなんてしない。

大手とはまったく違う発想でいくことが僕らのポリシーです。

アパレルでいうと、どうしてもみんなユナイテッドアローズだのビームスだのに憧れて入ってくる人間が多い。それで、ああいうのをマネてカッコいいセレクトショップを作りたがる。

資本も経験もない僕らが同じ方向で勝負しても勝てる可能性は低い。だから方向性を変える、土俵を変える必要があります。

女のコにモテたいとする。でも、イケメンでもないし、スポーツだって得意じゃない。じゃどうするか。勉強で一番になるとか、お笑いでクラスの人気者になるとか、どこか自分のセールスポイントを持つしかない。

基準を変えていくんです。みんなと同じ方向ではなく、別の舞台に立って勝負をする。

店舗を作る際にも、ウチはデザイナーに店舗設計を依頼したり、工務店に仕事を発注する代わりに、自分たちで塗ったり、貼ったり、切ったりなどして店の内装をやります。

壁紙一つ貼るとしても、工務店に頼めば、ミリ単位の誤差もなくピッタリとやってくれる。僕らがやればしばしばズレが出る。

でもね、僕はそれでいいと思ってる。

キチッキチッと誤差なくやればやるほど、大手みたいな店舗になる。差別化できない。大手にないユルさ、ゆがみはあっていい。それが大手にはない個性になっていると考えています。

Q　共同経営での起業についてどうお思いですか？

実際に僕自身が見聞きした範囲の例をもとにして言わせてもらいましょうか。

ほとんどうまくいきません。出来るなら、避けた方がいい。

起業の経営って、正解は一つではないんですよね。どんなに理論を積み上げたところでその通りになるとは限らない。単純な人間が、調子に乗って「どんどん仕入れて、どんどん売れ」とやることが、頭のいい人間が計算しつくして、「今は守りの時だから、仕入れは抑えたほうがいい」とやることより、結果的に成功することだってあるんです。

成功も失敗もすべては結果論です。テストのように正解がきっちりとあるわけではない。

それで、もし二人の経営者がいたら、要所要所ではどうしても二通りの考えが出てしまいます。さて、どちらの答えが正しいか。そんなものは神様にしかわからない。

ファイナルアンサーを決めるのは、結局誰か一人が、全責任を負う覚悟でやらなきゃしょうがない。

たとえ二人いても、一方がリーダーで、もう一方はナンバーツーと割り切っているなら、問題はありません。責任の所在が明確だから。力関係がフィフティーフィフティーが最もマズい。

自分自身で言えば、今までずっと共同経営の経験はありません。責任者はずっと自分。

起業を考えるのであれば、誰かとリスクを共有しようとは考えずに、すべてのリスクを潔く取ることをお勧めします。

Q　脱サラ起業したとして、もとの会社や社員の人たちとはどういう付き合いをしたらいいでしょうか？

僕は入社して3週間で、とっととやめた人間ですからね。あんまりエラそうなことは言えません。

ただ、今となっては、大人げなかったな、と反省しています。もう少し広い気持ちで相手を受け入れて、しばらく会社に残っていれば、また、イヤだな、と思った上司の新しい面も発見できたかもしれないし、会社の良さを感じることだってできたかもしれない。

人間関係は生かすべきです。会社を辞めても、人間関係を維持できる大人になりたいと、多少の社会経験を積んだ今では思っています。

Q　ビジネスをはじめるとなると、まず顧客の獲得がカギになると思うのですが、効果的な方法はありましたか?

物販を手がけるための基礎的なやり方として、ビラまきなどはやってみました。ウチの店にまずお客さんが来てくれないと始まらないですから。

もっとも、「どうやって集客しよう」と眉間にしわ寄せながら、突き詰めて考えた経験はありません。

感触としては、自分たちで楽しそうにやってれば、それなりに楽しさをわかってくれる人が現れて来る。

「他になさそうな、面白そうな店を作る」そう考えて、やりたいようにやってたら、お客さんのほうがついてきました。

あんまりお客さんに媚びないスタンスで、自然体にやって来ました。無理して何かをしかけなくても、自分が面白いと感じていれば、共感してくれる人は必ずいますよ。

傲慢にもならず、へりくだりもせず、やりたいことを淡々とやっていけば道は開けます。仮に開けなくたっていいじゃないですか。好きなことやってるんだから。

なんかぜんぜん答えになってませんね（笑）。

Q　女性が起業するとしたら、どんな業種で、どのように立ち上げたらいいと思われますか？

すいません。どうも男性と女性を区別する感覚がどうもよくピンと来ないんです。

バンジージャンプで一歩前に踏み出すのに、男女の違いはないでしょ。

起業も変わらないと思います。

Q　起業するにあたって、知っておかなくてはいけない基礎知識などはありますか？

特に、必須の知識があるかとなると、よくわからないですね。業種ごとにも違うでしょうし。やっていくうちに必要な知識は身についていくでしょうし。

ただ、新聞や本は読んでいた方がいい。

仕事柄、原宿などのおしゃれな場所で働きたいという若者と会うことが多いわけですが、新聞も本も読んでいない人が多いですね。だいたい、何らかのビジネスをするとしても、社会や人と関わっていくことになるわけです。

つまり、世の中を相手に闘うものだと考えてもいい。だとしたら相手がどういう素性なのか？　を知っている必要がある。相手がなんだかわからない。情報が無いでは、なかなか勝てるもんじゃない。野球選手でも格闘家でも、成功しているアスリートは競争相手のことをしっかりと研究していますよね。

情報集めはネットでやるからいい、との反論もあるでしょう。

ネットは、切り取られた情報。体でいえば、手や足や心臓や頭や、部分についてのことはわかっても、全体像は見えにくい。

もちろんネットを見てはいけない、と言ってるんじゃないんですよ。その情報も大切。しかし、すべてタダじゃなく、ちゃんとおカネを払って得られる情報も大事にしてほしいんです。新聞を一ヶ月契約しても4~5千円じゃないですか。年間5万円の投資が、これからの人生を切り開いていくにあたって高いか安いか？　投資をしなければ、リターンもない。投資すべきです。

本には、何か事を成し得た人が、一生をかけて学んだことを書いていたりする。

成功者のエッセンスが千円や2千円で手に入るとしたら、こんなに安いものはないでしょう。

野球でもゴルフでも、力んで肩や腕に力が入りすぎてしまうと、ボールは前に飛びません。リラックスして、肝心なポイントだけに力を注ぎ込んで初めて遠くへ飛んでいってくれる。

ちょうど水泳で、ジタバタ動いていたらちっとも泳げなかったのが、動きを止めて水の流れるにまかせたら泳げるようになったようなものでしょうか。


余裕の持ち方を教えてくれるわけですね。

倒産に追い込まれたら自殺する、とか、そんな力み過ぎた生き方がどれだけつまらないかも教えてもらいました。

本にはいろいろな人生がある。それを自分から能動的に受け入れられるのが素晴らしい。テレビだとどうしても受け身で、なかなか落ち着いて考える「間」がありませんからね。

Q　現代の起業では、やはりネットやホームページは有効に生かさなくてはいけないと思うのですが、どのように活用するのが効果的だとお考えですか？

みんな、ネットのことを気にしすぎなんじゃないでしょうかね。

残念ながら僕はアナログ派で、いまだにネットの仕組みがどうなっているかわからない。ＳＥＯなんていわれても、いったい何をどうやればいいのかさっぱりわからない。

それより、基本的に、目立つことを何かやれば、こっちで操作しなくても勝手に検索で上位に上がってくるだろ、という考えなんです。無理に宣伝が先行することを潔いと思っていない。

一生懸命に宣伝するより、まずそれ自体に面白い匂いがするかどうかなんです。

世間があまりにもネットだ、デジタルだって騒ぎすぎてるんで、僕の場合、意地になって「そんな流れに乗ってたまるか」と思っている部分も確かにあります。

面白いものは絶対に世に出てくるし、面白くないものを小手先のテクニックで社会に出しても一瞬でしかない、って。そう信じている。

ＳＥＯで一時的に上位にもっていっても、どこかで化けの皮がはがれる。まずはおもしろいものや仕掛けがあって、ＳＥＯなんかはその後だと思います。

Q　将来の起業を視野に入れて就職する場合、どんな会社に入ればいいでしょうか？

入ってすぐでも、大きな権限を与えてくる会社がいいと思います。

最初に大手企業に入ってみるのも悪くはないでしょうが、仕組みが大きすぎて全体像がなかなかわからない。営業のスペシャリストや、研究開発のスペシャリストになるのならいいとしても、経営者になるためには、部分部分じゃなくて、全体を知らないといけないですからね。

立ち上がって間もないようなベンチャー企業などから学べることは多いと思います。人が揃ってないし、入ったばかりみたいな若手にもどんどん権限与えないとやっていけない。

そういう点では、ウチの会社も、なるべく若手にどんどん権限を与えているようにしてます。規模が小さいし、経験者がたくさんいるわけじゃないので、未経験の若者であっても、これから学びながら、責任を持って動いてくれないと、どうしようもない。

あと、みんな、経営者っていうと、なるためにはとてもハードルが高いと錯覚していますが、そんなことないんです。社長なんて、いつでもなれる。係長になるには上司に認められる必要がありますが、社長は会社を作れば、すぐになれる。今は資本金1円でも会社は作れるので、ハードルは低い。なるのは簡単。ただ、社長であり続けることは難しい。

Q　定年後起業についてはどうお考えですか？

僕のまわりの経営者を見ていると、いつまで経っても引退しない。ちゃんとやると、仕事って楽しいんですよ。僕も仕事以上に楽しいものはありません。というか、楽しいことを仕事にしてます。

ヒマほどつまらないものもありません。引退気味の韓国の金持ちの社長が日本に来たので会ったら、「お金があったって、やることがないほどつまらないものはない」と、損得抜きで投資したり、工場経営したりしている話をしてました。あまりもうからなくてもいいので、何か仕事を紹介してくれと言われましたが、本人は本気のようでした。まあ贅沢な悩みですけどね。

互いに話した結論は、仕事って楽しい、でした。「仕事」と「遊び」の境界線自体が、どこにあるのかよくわからない。

だからこそ、「定年」という概念そのものがあまりピンと来ない。好きな仕事なら、まわりに、「もうやめなさい」っていわれたって続ければいいいし、そうでもないなら、これから好きなことを始めればいい。

ただ、いきなり、何十年も勤めていた人が起業に向いているかどうかとなれば問題はあります。個人事業主としてやっていくのならともかく、会社を興して人も雇うとなれば、必ずそれなりのリスクは伴います。果たして、そのリスクとプレッシャーに耐えられるのか？

僕の感覚は、そもそもリスクのないゲームほどつまらないものはない。勝つか負けるかわからないところで勝負するのが快感であって、負けないパチンコなら誰もやりませんからね。

勝つか負けるかのドキドキ感を楽しいと感じる人なら、起業すべきでしょう。

Q　起業によって生じるトラブルや苦労をうまく乗り越える方法というのは、どんなものがあるのですか？

最後の最後は誰も助けてくれない、自分が解決するしかない、と覚悟を決めることでしょうかね。

社長を解任された時でも、僕は別に、周囲の人に「助けてください」と言って回ったわけではありません。たぶんそんな言い方をして、相手の情にすがるような姿勢だったら、まわりは引いていったでしょう。

その時に相談に行って、バックアップしてくれた社長にも、「キミが、『苦しいから助けて』というスタンスなら、拒絶した。でもキミの場合は、助けてというスタンスはまったくなかったよね」と言われました。

その方いわく、自分のもとにも「助けてくれ」と泣きついてくる人間はたくさんいるが、ろくに再建策も考えずに、ただ当座の苦境から逃れたいだけが多すぎる。それじゃ、だめだ、と。どんな時でも対等な人間関係を崩さないことが大切かも知れません。

あとがき

起業について本を書きませんか？　と言われたのは半年ほど前だったろうか？

友人であるファインドスターの内藤社長が起業についての本を書き、その本を企画、出版した山中さんを紹介してもらったのだ。起業をテーマに本を作っていきたいのだという山中さんと話をしているうちに、なぜだか僕も本を書くことになってしまった。

基本的になんでもやりたがりの僕は、本だけでなく、今までいろいろなビジネスに手を出しては、失敗したり、成功したりしてきた。来た球の中で、打てそうなものは、当然打ちに行く。打てそうにないと、普通の人が思ってしまうような変な球も、僕には打てそうに見えることが多い。

楽観主義というのか。自分を過信しているというのか。世の中をナメているというのか。

起業する際にも、特に何も準備などしていない。お金もないし、経験もない。何もないけど、こんなの簡単にできるんじゃない？　と思い込んでやってきた。すべてはやりながら、走りながら、考え、学んで来たのだ。それでも20年以上、ひもじい思いをすることなく、楽しくやってこれたのだから、やっぱりなんとかなるものなのだ。

もし起業に興味があるのであれば、僕は迷わずに「JUST　DO　IT」と言おう。係長になるには、人に認められなければならないが、起業して、社長になるのは、簡単だ。人に認められる必要もない。自分がすべてのリスクをしょい込むだけだ。


リスクをネガティブなものだと捉えるのももったいない。

リスクは人生のスパイスだと考えている。

なぜにギャンブルが人を惹きつけるかと言えば、勝つかもしれないが、負けるかもしれないからだ。

絶対に勝ってしまうゲームは面白くないはずだ。

起業についてもゲームと同じことが言える。失敗するかもしれないから面白いのだ。

僕の場合は、３週間で会社を辞めて、見よう見まねで起業をして、バタバタしているうちに、20年以上の時間が経ってしまった。起業してからの時間は、あっという間で、楽しかった。傍から見たら、大変なこともあったのかもしれないが、僕自身は良いこと、悪いこと、全部含めて、充実した月日だった。反省点はたくさんあるが、後悔はない。

ちゃんとした就業経験がないので、友人のほとんどが起業家だ。そして、この友人たちは変わり者ぞろいで面白い。この面白い起業家たちと友人として付き合えることが、僕にはとても楽しい。

この文章を書いているときに、友人の社長からメールが来た。「そういえば、来週から留学するから、要件は今週中にね?」とのこと。ちょっと前に会ったときは、そんな話をしていなかったので、突然そうなったのか? それとも大した話だと考えていないので、あえて話しには出さなかったのか?

聞いてみると、50歳を前に、一年間、台湾に留学する。子供は日本に置いて、本人だけで行く、とのことだった。

自由な発想で、おもしろい！　と僕は思う。

起業したおかげで、いろいろな面白い起業家と出会って来た。そしてその経験というか交流が、とてもとても楽しかった。起業をしてからの時間は、一瞬だったとも言えるほどだ。あっという間だ。今年46歳になってしまったが、20歳の時と、あまりメンタリティーは変わっていないと思っている。20歳の時のことが遠い過去のこととは思えない。おそらくあっと言う間に60歳になって、70歳になって。あっと言う間に死んでいくのかも知れない。でもあっと言う間の人生であり続けられれば、それはそれで幸せなのだと思う。

これから何かを始めようと思っている人が、この本を読んで、こんな奴に起業できるのであれば、俺だってできるはずだ！　と思ってくれれば、僕は本望です。

ではでは。。。

アメではない！人生をナメるのだ！

2015年5月15日初版発行

著　者◆青木　ヨースケ
発　行◆(株)山中企画
〒114-0024 東京都北区西ヶ原3-41-11
TEL03-6903-6381　FAX03-6903-6382
発売元◆(株)星雲社
〒112-0012 東京都文京区大塚3-21-10
TEL03-3947-1021　FAX03-3947-1617

印刷所◆モリモト印刷
※定価はカバーに表示してあります。
ISBN978-4-434-20557-6　C0034